luminosity

luminosity

念轉運就轉

靈性修持人間修行

22

靈性修持，人間修行
智者相伴，靈性相挺
同類相吸，善美所在

暢銷作家 黃子容 著

靈性修持人間修行

黃子容

念轉運就轉系列書籍出版至今共二十二集，每一本所談論到的主題不同，主要的內容都是希望大家對於『念轉運就轉』這個觀念，有更多堅定的信念，相信自己的命運掌握在自己手裡，自己的選擇才是決定自己未來人生的一切。而當下每一個人所做的選擇都非常重要，影響的不是當下結果，而是未來長遠長久的因果影響。

有些人不相信因果，是因為當下他做了壞事之後，並沒有馬上得到惡果，所以大膽的認定，做壞事不會被人發現，也不會被懲罰，所以就繼續作惡。

因果果報很多時候不是立即顯現的，是需要時間，才能做出審判的。而且審判的責任以及因果清算的過程都是交給菩薩，如果你信菩薩，請你相信菩薩一定會做出最好的安排，作惡之人也別以僥倖的心態，自以為能夠躲得了因果，那是絕對不可能的，每一個人都要為自己做的事情，付出選擇之後的代價。

有的人會問為什麼不是當下就得到懲罰？因為需要給他們更多的時間讓他們本性盡出，而且因果清算不是只看當下，而是看長遠的一個過程，俗話說：「不是不報，時候未到。」一點也沒錯。

一個人的人生很長，不走到最後，無法蓋棺定論，所以我們在做選擇的每一個當下，都務必小心謹慎，同理別人，不要輕易的用自己有限的理解力，去批評一段你無法理解與解釋的事情，每個人都應該謹守本分，不做惡事，不傷害他人。

疫情期間，斷捨離是一個很好的課題，正好也讓我們可以好好整理生活，正視自我內在需求的重點，也尋找人生的真義。

你想要花多一點的時間在什麼事情上？

你想用心在什麼樣的人身上？

你想過什麼樣的生活？

想要身邊的人都是什麼樣的人，可以未來一起相伴、一起生活、一起成長？

一場疫情的影響讓很多人的生活，尋找回歸真正生活的本質，斷捨離不需要的人事物，不斷清理內在以及重視感恩身邊的人。

我們從疫情當中，也意識到，再多的錢財也買不到健康，擁有再多功成名就的榮耀，也買不到安心自在，這時候你該調整自己的心態，選擇自己想要過的生活是什麼？

生活要回歸平靜，樸實自在，感受都在自己，改變更是需要下定決心，維護自己優質的生活自主權與優質生活選擇權。

菩薩心語：

『智者相伴，
靈性相挺，
同類相吸，
善美所在。』

期待我們身邊都要有智者相互陪伴成長著。

所謂的智者，不一定是指聰明的人，是指願意精進學習的人，跟著你一起前進，一起努力創造生活的價值。

大家靈性修持的目標一致，相互支撐彼此心靈，讓你有所依靠依循。而這樣個性與看法都相同的人，會相互吸引，做著同樣的事情，成就更多美善，大家在一起是幸福美好的相遇與成長。

而少了善與美的生活，會被鬥爭、仇恨、批評、是非、嘲笑、謾罵、自以為是的言論佔據。

檢視一下你現在的生活，身邊的朋友是溫暖的，還是充滿仇恨鬥爭的？靜下來，你需要的是清理心中的雜念，整理一下自己的生活與人際關係網絡。

清理那些不斷衝突的關係，以及充滿仇恨言論的字眼，放下那些讓你煩憂與焦躁的人事物，還給你寧靜美好的生活。

你想過什麼樣的生活是自己的選擇，你可以選擇生活的類型，選擇善友，選擇舒適寧靜的環境，也可以創造更多融合的美好。

總之，我們都努力追求幸福，沒有人想要憤怒不平過生活，檢視一下自己的生活，真實生活的意義，才能帶給你真實的幸福。

感恩出現在你生命中的每一個人，感謝人生中每一段嚴格的經歷與考驗，困境與挫折都是必須的，這樣的困境才能讓我們思考人生的意義。

感恩生命中每一份禮物、每一個課題、每一位逆境菩薩，是這些成就了更好的自己、更勇敢的自己，接受這些使命與困境的到來，堅持善良，因為那是最無敵的。

自序

006 靈性修持人間修行　黃子容

靈性修持，人間修行

018 靈性修持，人間修行

028 持：修持，堅持

032 心：本心，初衷心

035 根：根本，本性

038 念：念善，念終

040 果：果報皆起因

堅定信念，堅行忍辱

044 人生課題

052 拉近與善的距離
055 一切都會過去的
058 你的選擇會是什麼？
065 命運掌握在自己手裡
069 接受上天最好的安排
071 學習逆境中惜福，順境中幸福
073 事皆有因有果，承擔比抗拒擁有更多的順利
075 福在心中，發散福中，知福且能得福
077 耐心看待一切事物，凡事勿急躁

承擔人生苦　學習而有福

080 菩薩自有安排，人生自有經歷
082 考驗著人性、愛與價值

084 承擔
085 痛苦的經歷，人才會珍惜
086 承擔生活，願意改變，立心行願，一切好運
087 苦中修行
092 聚福聚德，人生平安順心
096 祈福觀想
098 利他才利己
101 勿用言語傷人
104 回歸本質心感恩
107 放下負面同理他人

紀錄座談會

110 問事篇

134 往生篇
142 愛情家庭篇
152 菩薩的一段話~修行篇

靈性修持，人間修行

靈性修持，人間修行

人有時候需要心靈的寄託，重點放在自我靈性的修持，人在經過累世修持的過程當中，總會遭遇困難，這些都是對一個人的考驗。

今世為何投胎成為現在的你？一定是在過去世中有很多的情緣放不下，對過去世中未完成的事，也有很多的執著，或者也想在今生再來學習，乘願而來是大願。

例如，有些人什麼都不缺，但總覺得心靈中有一個空缺，有一種不踏實的感覺，家人對他敬愛有加，可是他就是覺得沒有安全感。那可能是因為在前世到今世投胎前，靈魂中有一些放不下或執著的事件，讓他將這樣的意識帶到這一世來。

我們在講靈性的修持，重點就是在於讓靈魂安定，以及讓我們的靈魂可以找到修持的方法，願意修持就可以精進，靈魂精進了之後，找到安定的方法，也能夠讓今生的靈魂有所依靠，找到靈魂回家的路。

有人說他這一輩子要承擔很多家庭的責任，也有很工作上的責任要去承擔，並有很多繁瑣的事困擾著自己；這些事一直持續著，好像人生都沒有一個盡頭，也沒有任何一個人可以指點他一個方向，告訴他做對了或做錯了。所以，他一直處在疲累的狀態下，一直汲汲營營於人生中的大小事，不斷地追求，不斷地爭取。

到底什麼是靈性的修持？就是找到一個可以讓靈魂回家的方法，以及可以平安安定心靈的方法。

有的人會說，自己的靈魂一直處在不安的過程中，甚至有點神經質，對於某些事會過度的執著，無法放下。

因為害怕失去某些東西，害怕失去某些依靠，因此靈魂就會產生不安定，結果就造成自己的人身肉體疲累，不斷的去跟其他人做比較，甚至想去抗爭，以致於聽到了某些人批評了自己，而產生了對他人的忿恨。

這就是因為靈魂不安定，無法內化自己，堅定自己的心，讓我們外在的肉體急著想去證明自己不是這樣子的人，而去做了一些無謂的努力；所謂「無謂的努力」，就是用盡了力氣花在不正確的事情上。

大家有沒有發現？我們常在不對的事情上使力，甚至耗盡了這輩子大部分的精力，去做一個不正確及不對應的對待。

假設你發現了自己的父母不愛你，你就急著想要證明自己，想要他們這輩子能夠好好愛你，所以你花了很多時間去對他們好；可是這輩子他們重男輕女的觀念根深蒂固，即使他們生病，而你隨侍在側照顧，他們還是會問他們的兒子何時來探望，他們永遠無法看見你在他們生命當中的重要性。

那麼此時的你，會覺得如何呢？一定感覺到被忽略了。

所以，你不要急著花太多的力氣來證明你自己，去做一些讓你自己會難過的事情。那麼這樣的情況，到底該如何面對？

就像剛剛舉的例子，因為父母重男輕女的觀念，難道真的要放著父母不管嗎？不是的，而是做了之後，就不要想著就可以扭轉現狀，做的時候是因為盡自己身為子女的本份，不是為了想要改變他們觀念而做的，照顧父母不是為了證明你身為子女的孝順，孝順是你自己的本份；你做與不做都是因為你的靈在累世所受的影響，也是因為這一世所受的教育及倫理觀念告訴你要孝順，所以你做了，但並不是為了要讓你的父母懺悔為什麼對你不好，也不是為了證明他們疼錯人了，而是對你自己的靈魂有交代，那是你該做的，做了就是盡了今生的本分。

今天做了這些事，只是要盡自己靈魂的本份，身為子女的我們本應如此做，而父母是否能因此改觀而更加愛我們，不是我們能決定的，這樣就不會非常在意結果能否改變。

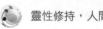

所以，就不會在耗費很大的心力之後，卻因得不到自己期待的結果而難過，也不再感到痛苦。

所以，我剛才所說的要花很多力氣在對的事情上，是指花很多力氣在盡自己的本份的事情上（例如孝順父母）；至於是否會得到自己期待的結果（例如父母會不會更加喜愛自己），就別放在心上了，這根本不是你該在意的重點。

因此，別花那麼多力氣讓自己不開心。

另一種情況是假設有一位朋友不喜歡你，而你又喜歡他，想親近他，他去哪你就想跟，但跟去之後，你發現他並不在意你或不重視你，回家後就心想著：「他為何不喜歡我？」與其把心思花在這件事上，不如把時間及金錢花在能讓自己快樂的事。

換句話說，你的快樂及努力不應該建築在別人身上，而應該花多一點時間在自己身上。

如果其他事是會讓你開心快樂的，寧可多花一些時間在其他事上。

所以，不要急著尋求別人的肯定及讚美，因為你就是你，這一輩子是否對得起自己，只有你自己知道，無需向別人證明，也無需跟別人說明你是怎樣的一個人。

「說」，太累了。

「證明」，也太麻煩了。

即使要證明，也不需要證明別人是錯的，而是要證明你是值得的；也不需要去證明自己有多好，而是要證明你堅持善良且心中擁有愛是正確的。

所以，不管旁人如何打擊你，你心中的善沒有被惡擊倒。

例如在一個團體當中，有人會不斷地說某些人的壞話，如果你在人間修行的過程當中，有將菩薩教你的課題及智慧放在心中，當你聽到流言蜚語或對某個人批評的時候，你不該跟著同一鼻孔出氣，而是你會思考，並用自己的智慧判斷；如果你真的認為那位被批評的人不好，你會有自己智慧的選擇。

但如果你有將菩薩所教的記在心中，你會知道不該這樣說話，不該這樣造口業，不是嗎？

不應該隨意對一件不了解的人事物作出批評。

因此，不管你喜歡或不喜歡，都不應口出惡言，因為這是你在人間修行過程中一項重要的修持。

當然有些人會說：人間修行比任何的修行都還難。

靈魂要穩定，可以透過很多的方式：對過去的懺悔，在今生設定目標，告訴自己靈魂努力的方向……，你可以靠這些來讓自己平靜。

例如，自己的靈魂太過於茫然，或不知道這一生該做什麼樣的努力，所以，產生了不平衡，以及害怕失去的狀態。

你可以給自己人生現階段設定一個最需要的目標，不一定要設定一個長期或終極的目標。

其實，我們不需要把目標設定得太遠大。

例如有人說：「我這輩子只要平安。」這是一個長遠的目標嗎？其實，這是一個現在的目標。怎樣能夠平安，這是一個當下的目標。

如果今天你開車跟其他車輛擦撞，然後你下了車跟人家吵架，這樣子你就可能不平安了；別人超你的車，你就不要跟著飆車；有人開車擋在你的車前，一直不讓你走，如果你還想著「平安」，就讓他先走吧！又如果有人長按喇叭，搖下車窗對你破口大罵，你心裡就想著南無阿彌陀佛，不要以負能量與他相應，否則，你不平安，他也不平安。

所以，這個平安不是一輩子的平安，我們要的是當下的平安。

所以，凡事都先想好：「我這樣子做會平安嗎？」其實，人生當中有很多事是求當下的平安。

我們可以把人生的大目標就設定在今天（當下）就好，例如，座談會結束之後，要飽餐一頓、要開心、檢視一下今天究竟學習到什麼，我感到快樂就好；在座談會誰不理我不重要，總還有其他同學喜歡我。

不需要去在意每個人是否要喜歡自己，連大明星都不見得每個人都會喜歡。

請大家在人間修行上不斷要提醒自己，設定的人生目標可以在短期就好，可能是今天、一週，或一個月，例如，這一個月要把房子打掃乾淨，……。

也就是設定若干短期的目標，然後督促自己去完成，當人生越來越好時，也就逐漸累積完成中期目標，進而達成長期的目標。

人生路要如何好走？

其實就是在學習一直不斷地告訴自己：「不要在意，要放下。」

你偶爾會聽到年長者告訴你說：「這些都不重要了，人生簡單就好，能吃飽就好，身體健康就好，……。」誰喜歡你，誰不喜歡你，有沒有賺到錢，……，都不重要，唯有身體健康才能享受到。

我曾與大家分享過一件事，我們人生可能要失去三位至親，你才會發現有很多小事根本不需要在意；因為當你發現我們終究敵不過生命的終結時，你才會覺察到人生其實是很苦的，沒有什麼事比能夠活下來更重要。

我們講到了靈性修持跟人間修行，就是要努力安定我們的靈魂，這樣我們才能找到回家的路。

還有一件事一定要記得，一定要堅持善心善念，不要做惡事。

如果你做了某件惡事，你只要想到，那將會妨礙靈魂的回家之路，並無法跟在菩薩旁邊，甚至墮入地獄。

若你有如此地警惕自己，你就不敢去做了，因為那件惡事可能讓你直接墮入第十八層地獄，甚至是無間地獄；我曾看過無間地獄，非常恐怖，千萬別墮入。

你一定要思考自己做了什麼事會妨礙靈魂回家，那樣的事情絕對不能做。

懷有惡心陷害他人，甚至利用別人對其同情，利用別人的善跟愛去做一些違法的事情，這真的不可原諒；如果事後再顛倒是非，引起他人的傷害，這樣的罪惡更大，至惡至極，沒有反省與檢討的心，是最大的惡。

遇到這樣的惡，更要堅持善的可貴，面對這樣的惡，告訴自己：你跟他不一樣。

讓自己的靈魂能夠安定，多做善事，就可以讓靈魂回家，可以回到菩薩身邊，我們往生那一天，菩薩會來帶我們，這才是最重要的。

持：修持，堅持

接下來要談「持」，也就是「修持」，無論你遭遇任何問題，都不能讓自己的心方寸大亂。

你要知道什麼是對的，什麼是錯的，什麼是菩薩教的。

修持包含著你所建立的中心思想是什麼？

而你所建立的中心思想，不管在遇到任何困難時，你是否都能有所堅持，認知這個道理的真義？

菩薩教的道理，是要一輩子用在你的心裡，而不是用在人：「這個人對我好，我就對他好，這個人對我不好，我就對他不好。」不是這樣的！

書中傳遞了很多重要的觀念，也辦了那麼多場的座談會，每一場座談會就像是一項課程，課程中所談及的內容，也許你聽過很多次，也許已經都深入你心了，但是你是否真的可以將這些書中的知識，或是菩薩所教導的，運用在生活中？還是當你心情平靜時，你會接受這樣的道理，但是當你運勢不順，或是遭受傷害挫敗時，你就忘了這些修持與學習的內容？

過去，我看了太多人，當下修持的心是真的，但是一旦不如他願，或是他在這個學習過程當中得不到他所要的或是得不到團體的認定，便要否定過去的一切，甚至想盡辦法毀壞。其實學習的過程是自己的，學習的結果也是自己的。是不是只是嘴上說說，只有真實遇到課題時，才會知道！

真的有把修持放在生活中的人，知道自己跟某個人的緣份盡了，要學習放下與祝福，大家都是成年人了，知道緣份得來不易，也知道緣份不能強求。

人生中最基本的人性修持，是懂得感恩與祝福。不管這個緣份最後結果為何，該怎麼做，這些基本道理都應該存在你的心裡規範著，而不是視心情而定，都應該相互祝福，而不是攻擊謾罵。

有些人天生個性不服輸，很希望在團體中能夠嶄露頭角，讓別人看見他的不同之處，於是強出頭，想要證明自己的能力，最後卻傷痕累累。

想贏，這都不是正確的修持。

可以接受失敗，可以接受自己是弱者，也是一種修持。

所以，要如何才能堅持自我修持的中心思想？

告訴自己，就算遇到再惡的人，都要心存善念，不能跟他一樣惡，不能跟他一樣壞；如果他用了某些技倆對付你，該如何？讓他自己承受後果吧！而這一切的果，總有一天會清算，逃得過人們的眼，逃不過因果法則，逃不過菩薩的眼。

例如，有人惡意欠你錢，跟你約好要拿錢來還你，結果對方不還錢，還找警察說你恐嚇他，這樣的人，不是很惡劣嗎？

這世上有很多類似的情況，加害者用手段博取同情，讓受害者看起來反而像是加害人，而這樣的惡質的加害人，用盡心機生活著，因為他的謊言必須連自己都說服了，才能生存。

「人善被人欺」這句話看起來是真的，但至少我們是善良的，不與惡同行，絕對不跟惡人一樣。

因此，不管遇到再惡的人，都要認知那是惡，不跟他一樣，應該慶幸自己善良真好。

我們無法思考人為何如此地惡，但我們至少可以說：還好我們是善良的。

雖然吃虧，雖然辛苦，甚至有苦說不出，但至少你看到了人性，生活中長了知識，學到經驗，最後，有一天靈魂回到家的時候，至少我們遇見菩薩時可以抬頭挺胸，問心無愧。

心：本心，初衷心

「本心」是指你的初發心，不會因為看見什麼、聽到什麼而受影響，你知道自己在做什麼，這很重要。

這個本心面對的是你自己，不用他人說服，你自己知道為何堅持，你知道該怎麼做可以依循你的心。

而這個本心的堅持是學習得來的，從眾多知識當中，學習成長，找到自己本心所認知對的觀念，設定成為你所堅持的目標，這樣的本心建立，不輕易被改變，不輕易因為情緒的影響而異動。

你知道本心所在，就是心之所在。

堅持初衷，就是不要忘記當初讓你下定決心的那個片刻，也許因為一個故事，也許因為一段經歷，讓你有了做一件事的初衷，引發初衷心，讓你未來在學習的過程中，更能堅持，而時時讓初衷心來提醒你不要忘本，不要忘記本心，不要忘記過去發生什麼事情而讓你擁有了這樣的初衷。

過去我一直在情感中受到傷害，不管是以前年輕時對於情感的執著，讓自己受盡苦痛，亦或是後來婚姻遭受背叛所受的傷害，這些苦痛都讓人痛得無法喘息，所以我告訴自己，期待可以盡自己的力量，讓那些身處在情海中苦痛的人，能夠得到一些些的幫助，我知道失戀的痛，我知道離婚的苦，所以我不希望有人跟我受過一樣的苦，我願意盡一切力量，給予最大的協助，每當有人跟我訴說婚姻或是情感當中的傷痛，我真的都以同理的角度去看待大家的問題，並且希望大家都能盡快得到幸福。

我看見了自己的痛，但不捨得他人受苦，我堅持著這樣的初衷，一路到了現在，我還是會一直做，一直努力。希望每個人都能夠在愛中得到幸福，而且相信愛一直存在，相信自己是值得被愛的。

莫忘本心，莫忘初衷。

每個人所做的決定，都要自己承擔。當你迷失了本心，忘了初衷，那麼就要為自己承擔因果。

每一個人現在所講的話，所面對的事情，所做的事情，所做的決定，都是出自於你自己。

不要因為自己受別人影響而歸咎於別人，說是他們害你的！

自己做的決定要自己承擔負責。

你的本心是什麼？想想看，如果現在菩薩在看，你該怎麼做？

不要隨便被旁人牽引走，要堅定本心，堅持初衷，不要忘記自己過去受苦的模樣，看見那樣的痛，便要告訴自己，自己一定要越來越好！

很多人在問何謂本心？

本心就是，你所做的一切，菩薩都在看著你。

本持善良沒有錯，明知惡事不可為，卻還是惡意為惡，這才是真的不可原諒。

根：根本，本性

何謂「根」？就是你的根本、你的本性、你的基底、你做人的基礎，以及你善的根本是什麼？你一直以來相信的是什麼？

這代表著你的天性，人生的信念根本，一個人一生篤信堅信的。如果天性本善，不會因為遇到了什麼樣的困境，動搖了他，或者令他為惡。

如果能夠堅持本性，知曉天性，知道自己成長應恪守的信念規則，那麼就不輕易被惡魔動搖，不輕易讓邪惡取代了善。

我一直都相信，每個人本性善良，都有悲憫的心。

當其遇到困境時，會做出什麼樣的問題，都是人所做的選擇，而這些選擇當中，可能有的遇到了貪念，有的起了嫉妒心，讓人失去了本心根本，忘了初衷，忘了感恩，於是開始想要滿足自身的慾望貪念，選擇了另一個選項。

這些都是人的選擇，很多選擇都是自己要負責任的。

有人說他的根本已經動搖了，這個根本就是他原本一直都很相信菩薩，以為好人會有好報，惡人會有惡報，可是為何等到現在都沒看見？因此動搖了他的根本，不再相信菩薩所安排的一切。

若有這樣的想法，那就錯了，你要相信自己的信念根本，如果是夠堅定的，你的信念是夠強的，也許現在沒看見菩薩安排的是什麼，也許你不見得馬上可以看到結果，但請相信我，一段時間之後，也許十年、二十年，你將會發現原來如此，不是不報，而是時候未到。

那個時候，你會很慶幸當時的你選擇了善良，而不是用仇恨嫉妒的方式對應他們。

慶幸自己的善良，讓自己做了對的選擇。

所以，我們每個人的根本基礎都要夠厚實，這個基底的功夫不是靠神給你，而是靠你人生當中每件事的磨鍊。

人生中受越多苦的人，而還能在受苦的過程中，給予他人溫暖，並且還不忘要堅持善心善念，那麼你所遭受的一切都是美好的，你所擁有的根本將不為人所動搖，且菩薩都會一直在你身邊。

在自己遭逢苦難的同時，還能夠想到他人，還能夠忘記自己本身的痛，懂得學習幫助他人，這些過程，都是美好的學習，也是上天給予你試煉的考驗。慶幸自己的根本為善，慶幸自己做出善良的選擇。

念：念善，念終

「念」，就是告訴你「念要善」、「念要終」的意思，念終是指念頭從一而終，從頭到尾我們都是堅持善，不會因人而異，不會因為遇到不同的事件，而有所改變。

「不會因人而異」，是我們始終相信他做壞事時，總會有人治他，總會得到惡報；而我們始終相信善良的人會得到護佑，所以叫做「念終」。

念頭的開始到終了，都是好的，不要害人，不要有分別心，也不要起憎恨心，因為老天最終會做出公平的決定。

不要說：「我等不到結果！」

不要說：「我看他會怎樣？」

因為好與不好，都是上天來評斷的，不是由人來做主觀判斷的，所以我們沒有資格批評任何人，每一個人都應該把自己的生活過好，才是對自己負責任的表現。

就是要好好地活著，等到好的結果，那個好的結果是對於你堅持善心善念，最後老天給予你的回饋。

別人怎麼做？那是別人的選擇，但你總有自己的選擇。

念頭從一而終，都是善良的，都是堅持的，不會因為遇到惡人，而有所改變，也不會有報復記恨的心理，也不會期待看好戲，堅持把自己的生活過好，盡好自己的本分，其他的，就交給上天去安排吧！

時時觀照自己的念頭，時時警惕自己，不要對他人有不好的想法，時時砥礪自己，鞭策自己，若能有所堅持，便是念善終。

果：果報皆起因

每一個人的果報，皆起源於「因」。

今天做不好的事情，本來就會遭受到不好的結果。如果你算計別人，利用別人，如果你對別人不好，例如辦公室的同事，明明就很認真地在工作，你卻跟老闆打小報告說他在偷懶，那果報最終還是會回到自己身上。

千萬別做對不起自己良心的事情，否則，最後都會有果報回到自己的身上。

反之，一直不斷地給別人鼓勵，一直不斷地給人力量，安慰別人，鼓勵自己，哪怕自己在遭折磨與苦痛的同時，都還不忘扶人一把，也許你現在自身很苦，最後你會發現自己所反射出去的善與愛，有一天返回來的會是同等的愛與力量；那會足以讓你修復傷痛，並讓你堅強面對未來生活當中種種的挑戰。

人生真的很苦，人沒有不苦的，人沒有不受到困境折磨的，但就是在這一點一滴的折磨當中，你會越來越勇敢，越來越覺得：「自己很棒，自己又過了一關，自己的堅持是對的！」你將知道這一生不虛此行，然後得到美好的結果。

無論何時，你都要時時檢視自己要追求的是什麼；不是追尋某一個人，而是追求你心中最真實的信仰。

也許你相信菩薩，那麼就相信菩薩一輩子，不因人的改變，而有所動搖。

大家是相信菩薩的，我也相信，因為你心中有菩薩，你相信菩薩所做的任何安排，接受上天所給予我們的安排，一切都是必經的過程，一切都是最美好的，生活當中困難困境，都是考驗我們是不是真勇敢。

活著就是要勇敢！

因為勇敢，可以讓你知道自己很不一樣。

果報一定會來，堅持善的選擇，此生便會有善報。

堅定信念

堅行忍辱

人生課題

在這幾年的修行當中，其實可以看見每個人精進的心，以及真實實踐菩薩所言的功課與課題。

人生當中有很多的課題，除了菩薩所教導的之外，更多的是心靈當中的感受跟體會。

發生在他人身上的，若能感同身受；發生在自己身上的，若能深刻記憶，都會成為未來想要繼續精進的動力。

那麼眼前的苦不當是苦，眼前所受的難不當是難，只想這些課題能夠精進、能夠撰寫美好、能夠深刻學習，都是未來堅定信心、朝向菩薩懷抱最堅定的信念。

我們都有一個非常堅定共同的信仰，就是我們很相信南無觀世音菩薩在我們身邊，給予我們所有的幫助，堅定我們的信心，堅定你我的信念。

不管在生活當中遇到任何的困境，你跟我都是一樣的，我們都必須要從自己本身開始做起。

當你面對困難、問題的時候，永遠都只有你自己可透由智慧，想辦法去解決。菩薩能夠給予你的，就是一份信心、一份信念、跟一份安定你心的力量，所有的事情還是必須憑藉著你自己的智慧去做解決。

菩薩可以給予你指引，但祂不能夠帶著你走正確的路，因為正確的路必須是透由你的磨練、你的經驗來做出正確的選擇。

有的人就會問了：「那麼我信菩薩幹嘛？我信菩薩，不就是為了要幫我忙嗎？菩薩如果不能夠明確地指引我，那麼我問菩薩做什麼？」

請大家不要把菩薩當作問事的工具，因為菩薩不是拿來被我們問事的。

菩薩應該是在我們心中一個非常堅定、很重要的精神指標，告訴我們：「遇到壞人，我不要變壞；遇到別人做了不該做的事情，我看到別人做我看不慣的事情，我不會淪為跟他一樣。」菩薩帶給你的應該是這種堅定的信仰。

你可以不相信任何人，你可以討厭某一個人，那麼你可以選擇離開某個地方，但你可以繼續相信南無觀世音菩薩。

你喜歡一年愛班，便留在一年愛班，跟著大家一起共同成長，一起互相扶持，一起互相學習。

當然你不認同我，或是你覺得你不相信我了，其實就離開，也沒有關係。但我相信，真正曾經認真地待在過菩薩身邊學習的人，就算離開，也不會惡口的，因為你有把菩薩教的真正放在心裡。

那麼如果你惡口了，你罵了，其實不是不好，而是菩薩做出了最好的安排，讓不適合的人離開了這裡。

其實我對於很多人都非常嚴格，而我對待同學的方式一直以來都是一致的。

某個同學因所求不如願，他自己退出了助念團，他請我再把他加回去，我想要把他再加回去，可是菩薩說暫時不行，因為他必須透由自己去做懺悔，然後去瞭解：「我當初怎麼那麼衝動，就退出了助念團？」

菩薩後來有沒有讓他加入？有！但是他必須經過那一段路，他才能瞭解：「我真的應該忍一忍、靜一靜。」

後來他也發現了：「對！我自己的問題比較多。」

可能當下有很多複雜的因素，可是他沒有因此離開愛班、或咒罵我、或是咒罵菩薩：「我不相信菩薩了！」

我現在看到他每次大型座談會都來，然後會去跟同學們互相安慰，會去跟同學開玩笑，還努力的鼓勵別人，甚至於將菩薩所教的用在自己的生活當中，我很感動，這就是愛班的精神，不會因為一點的挫折就放棄了，也不會因為一時得不到自己想要的答案而否定了一切。

人會不會做錯事情？會！我們在當下生氣的時候都會！

但你有沒有發現，一個挫折、一個經驗，可以看出一個人的修養。

我不會因為現在在生命當中受到挫折，我就否定了過去的一切，因為那不是我們該做的。

我們現在也非常肯定過去人家對我們的幫助，所以我們也不口出惡言。

對於某些事情的行為，我們感到痛恨、感到憤恨，那也只是針對他現在這樣的狀況，我們也不會去否認他過去曾經的付出。

一樣的，請大家落實真正的人間修行，應該是在我們生活當中的每一刻、每一分、每一秒，而不是在短暫的現在或是在以前的過往。

在挫折事件當中，能夠看出一個人的修養。

不管怎麼樣，你的信仰是堅定的。

對於人，你不相信，你可以改變，你可以去尋找你覺得適合你跟喜歡的人事物，都是可以的。

而如果你相信菩薩，其實不管你在世界任何一個角落，信仰菩薩這件事情是不會改變的，因為你相信菩薩自有安排。

很多緣分緣起了、緣滅了，都是自然的，這就是人生。

可能我們都在同一輛公車上，有的人上車了，有人下車了，有人到站了，有人上來了，我們都歡迎跟我們共乘這一段，但是有一天如果有人要說再見的時候，我們也給予真心的祝福。

但上天一定都會做最好的安排，把最適合的人、或是把擁有共同信仰、善心善念的人聚集在一起，做更多更好的事情。

而我們所認識的南無觀世音菩薩，不是只有在任何廟宇裡面，祂存在在我們的心中。

如果你有任何想要跟菩薩訴說的話，你可以不需要找任何通靈人、找任何大師、找任何老師。

不要把老師視為偶像，老師不見得可以成為你們的榜樣、成為你們的偶像，不見得你要相信老師。

我是一個平凡的人，我除了在問事的時候是有菩薩可以給予大家答案指引之外，菩薩不在我身邊的時候，我就是一個單純、簡單、平凡的人，跟大家一樣，會遇到柴米油鹽醬醋茶的問題，會遇到生活上各種的問題，我跟大家都一樣。

不會因為我今天幫忙菩薩辦事，我的苦痛會少一點，絕對沒有！

我有時候也要恭請菩薩九句，請菩薩幫幫我，我跟你們是一樣的。

你們可能恭請完菩薩之後，你一直講，菩薩都會一直聽。

像我因為聽得到菩薩、看得到菩薩，有時候我恭請完菩薩九句之後，菩薩給我的回應就是：「子容，靠自己！」這答案是多麼的真實跟貼切，我也是鼻子摸一摸靠自己。

我也知道有些事情講出來之後，菩薩不會回答我的，我就告訴自己說這不用問，問題要自己解決，凡事靠自己。

所以我遇到的苦痛跟遇到的難關，絕對比你們還要多，因為我一個人要面對很多的人。

我只是要告訴大家，雖然我幫菩薩辦事，但是我絕對沒有比大家更輕鬆。

而我跟菩薩之間的距離，跟你們跟菩薩之間的距離，是一樣的，是非常公平的。

所以，你們的課題一定可以靠自己的力量解決。

拉近與善的距離

我們都有著優質生活選擇權，當你不想要看見某些人，當你負能量太多，你可以選擇迴避，選擇暫時逃避一下，讓自己輕鬆一下，都可以。

你真的需要菩薩的時候，菩薩一直都在，祂不僅限於在廟宇裡面，也不僅限於你一定要正式的恭請菩薩。

有時候你真的需要菩薩來安慰你的時候，你也可以大聲的在心裡面呼喊：「菩薩呀！」菩薩一樣也在。

請大家記得，菩薩不只是在廟宇裡面而已，祂其實無所不在，也在你的心裡。你需要祂的時候，祂時時都在。

堅定你這樣的信仰，一定可以讓你自己度過很多的難關。

而關關難過關關過，有時候就必須告訴自己：這就是人生！沒有人不苦的，只是每個階段有每個階段的苦，過了還有下一關，不要害怕，這就是人生。

你可以盡情的跟菩薩講你最近所遇到的問題、所遇到的難關，菩薩就會給予你在生活當中所有的幫助，菩薩就會在你努力之後，一直不斷地在你身邊給予你力量，給予你智慧，幫助你完成跟解決問題，讓你得到圓滿的答案。

你可以請求菩薩給予你光與熱，給予你修復的力量，不管是身體上、生理上、心情上、或者是情緒上的修復，請求菩薩安定你的心，讓你勿忘初衷，重新再找回過去的自己，給予你更多的愛，讓你正視自己的人生，解決自己目前生活當中的困境。

在你有任何苦痛跟無法解決問題的當下，請你靜下心來，深呼吸，恭請菩薩九句，菩薩在傾聽你訴說的內容，菩薩在聆聽你所訴說的一切。

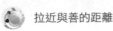

菩薩認為：人應學習不起比較心，沒有憤恨。

就算有了憤恨，有了怨言，那麼告訴菩薩，菩薩希望灌注在你身上的，是清淨的力量，是冷靜的智慧，能夠幫助你度過現在情緒起伏不定的當下，能夠恢復心情心靈上的平靜。

因為唯有心靈上的平靜，才能夠帶領你繼續往前行。

放下過去的包袱，放下所有過去的仇恨傷痛，才能讓你昂首向前。

對於過去所有的一切，我們都心生感恩。

在感恩的當下，不否定過去。

在感恩的當下，信心十足的面對未來。

也許未來一樣會有困境，但你因為成長了，不再害怕，無所畏懼。

只要你是善良的，心中是有愛的，你所做出的選擇一定跟他人不同。

請你記得，當你心中有善良的同時，有愛的同時，你所做出的選擇一定跟別人不同，因為你是獨特的，因為你是堅持善心善念的。

我們與善的距離如此接近，接近善，懂得感恩與珍惜。

一切都會過去的

不要執著於痛苦之中，很多事情都會過去的，很多苦難與傷痛都是一時的，不要因為忘不了傷痛，而毀了自己一輩子的時間。

有的人因為受了苦，因為得不到自己想要的，於是放大了痛苦，執著的想要這個世界給他一個答案。

花了一輩子的時間專注在仇恨上，最後什麼都得不到，卻浪費了一生的時間。

你可以祈求菩薩給予你智慧，幫助你度過眼前的難關。你可以稟報你最近發生的事情，請求菩薩給予你力量，請求菩薩給予你支持。

有人說：「我們一個月有一次這樣的座談會，其實非常的幸運，因為我們可以跟菩薩說說話，我們可以聽老師傳達菩薩的訊息並跟大家上課。」

不管大家是藉由看書，還是藉由上課，甚至於藉由同學們彼此在交談的過程當中得到了一些啟示跟啟發，相信對大家多多少少都會有一些些的幫助。這個座談會的立意本來就是美好的，讓我們大家可以增進跟菩薩之間的距離。

其實每一個人跟菩薩的距離全部都是一樣的！

沒有所謂的「你跟在菩薩身邊辦事，你跟菩薩的距離會近一點」！

每一個人在恭請菩薩九句之後，與菩薩所產生的相應跟距離，全部都是一樣的。

每一個人的經歷都各自安排好了。過程當中，有很多事情是需要經過時間去感覺、去瞭解，需要時間去解決的，某些事情一定要經歷過很多時間才能被催化、被看見。如果你對於某件事情產生任何的質疑或疑問，需要找子容，臉書「黃子容的一年愛班幸福團」有一個「發送訊息」鍵，那個訊息鍵是隨時可以找到我的，或者是你直接打我助理的電話，助理一定會確定問到我本人，他才會回覆你，不要再經由任何人，找我其實很簡單。

提醒大家，以後有任何問題，直接找我，私密訊息都可以聯絡得到我，包含你要請求菩薩幫你什麼、你要解錦囊的文字，都可以直接傳給我。

時間帶來課題，時間帶來成長。

時間讓你看得清晰，時間讓你連貫點線面。

如果沒有這些時間，怎麼理解人生發生事件的過程？

生氣是一時的，抱怨是一時的，不要讓自己陷入負面情緒當中太久。

時間一直在走，時間不會停留，但愛與善會留下，困難困境不會永遠，一切都會過去……

你堅持的善，會讓自己覺得驕傲！

時時感恩！時時善念！時時警惕！時時學習！

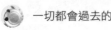

你的選擇會是什麼？

如果你今天對一件事情，對一個信念，有所質疑的時候，請你反退一步去看待這件事情，想一想，如果慈悲的人會怎麼說？如果菩薩會怎麼說？就學習站在這兩個點去思考。

面對問題時，想想菩薩會怎麼說？慈悲的人會怎麼說？

這兩個點想完了之後，再來，從非現實的環境下打回了現實，切入一個很重要的主題是：我是人，我怎麼看？

舉例，乙裝可憐欺騙甲，為什麼甲要答應借乙錢？

用慈悲菩薩的眼睛來看，甲一定是覺得乙很辛苦、很可憐，所以甲借了乙錢。如果跳回人的現實面來講，乙動之以情要求甲借他，甲真的很難拒絕，可能我們都沒有辦法承受人與人之間情感上的壓力。

所以大家在看這件事情的時候，就不會只說：甲太笨了。

但甲的確因為自己的慈悲沒智慧，讓自己被騙，甲也為自己的選擇負責任，被欺騙感情，錢也沒了。

雖然我們可以用更慈悲的方式去看待，但要用正確的方式去面對，不應說：「算了啦！沒事！沒事！沒事了！」

要讓犯錯者去正視這件事情是不對的，要讓他能夠去檢討這件事情是不對的、錯了，不是算了！

假設今天有人拿刀子殺了你，就算他告訴你說：「對不起！我真的錯了！」可是這個傷口還在。

也許你被急救回來了，可能沒事，但傷口是在的，尤其如果是曾經對你很好的人傷了你，這個傷口是一輩子都存在的。你可以原諒他動手殺你這個行為，但你不能讓他繼續用這樣的方式去對待其他人。

所以，用人的角度，去看待人的事情；用慈悲、用菩薩的眼跟想法，去看待這個人做這件事情背後的意義，縱使值得可憐、值得同情，但是在人間律法上面，犯錯者還是要面對自己曾經犯下的過錯，這才是我們不能妨礙他人成長最重要的關鍵。

每一個人如果心理機制夠堅強，真的跟菩薩建立了一個非常堅強的管道時，你會相信著，菩薩在你身邊所安排的每一件事情都是有原因的。

例如當我檢視為什麼每幾年就發生一件重大的事情在我身上，接著就會發生耳語風暴？我到現在這一刻，我都非常能夠接受，因為我相信菩薩在我身上的安排，一定有我可以處理的方式，跟一定有我可以的能力，所以讓我遇見了，不能逃避，我接受上天的安排，我知道祂安排這樣的事情一定有其意義。

所以，你如果跟菩薩之間建立了一個很強的機制，你不會去質疑菩薩：「為什麼讓我發生這樣的事情？為什麼我會被裁員？為什麼我的老闆會這樣對我？為什麼我的兄弟會這樣子犯錯？」

你不會懷疑問為什麼菩薩在你身邊種下了這些連續劇？不會質疑為什麼發生

了這些事情？

你知道這是自己的課題，你知道自己必須在這個課題當中，有所成長跟有所學習，才會有這樣的安排，所以事出有因。

如果你今天有好好上班，有認真上班，不會被公司的人想辦法找你的小麻煩說你遲到早退。

有的人說：「我真的沒有遲到早退，我每天都有打卡準時上班。也不過就那麼一天，我被抓到了，我竟被裁員了。」

那你就要想：「為什麼就那一天被抓到？」

你不能說：「我太不幸運了！」

你要說：「我真的做不對了。」因為如果你沒做，別人抓不到你的把柄。

如果今天事情發生在自己身上了，我們要去檢討，一定要夠堅定的相信：每一個人他發生的事情，一定都有他必須要去面對的功課。

包含你的小孩，他功課不寫，明天去學校，一定就是考不好、被老師罵，這是正常的機制，他一定要面對的。

再來就是，如果你心理機制夠健全、夠堅定、夠相信自我的信念，你要告訴你自己：「我的心理夠堅定、夠堅強，遇到這事情就是面對就對了！然後我也學習接受！」

因為不接受，就會帶來更多的抱怨、更多的憤怒，甚至於想要去報復，就會花更多的力氣和很多的時間在這件事情上面，那麼就會把原本該做好的事情疏忽了，導致自己該做的工作也沒做好，家人也沒顧好。

你的傷口已經被劃了一刀，你不要每天都去看那個傷口，就想著自己要好好活下去就對了，並把人生面對的問題處理好。

此外，先把自己的生活、自己的家人照顧好，行有餘力你才可以去幫助其他的人，這是很重要的重點，我們都不要放錯重點在別人身上跟物質身上。

你開心、快樂、有工作，然後對家人樂於付出，給予家人很多的愛，這都勝過於一切。

你會發現，忙了那麼多，忙了那麼久，自己身邊的家人沒照顧好，其實還不是都是空的，所以最重要的其實是把自己的家人照顧好。

每一個人其實都很努力在面對生活當中的壓力跟困境，你有、我也一定有，所以我們才要這麼努力的活著，活著就是要勇敢。

想必沒有人說：「我這輩子活著就是很輕鬆！很愉快！」

你看到某個人表面上很光鮮亮麗，感覺上他好像很開心、很快樂，但有沒有想過，他在背後可能有很多的壓力、很多承擔的問題跟責任？你們都沒看見。

所以永遠不要用自己的眼、用自己的想法去想別人，那對別人來講是非常殘忍的。

在觀世音菩薩普門品裡面，其實一直不斷地強調著：菩薩無所不在，也一直與大家相應。

那麼如何去建立跟菩薩強烈相應的關係？就要靠你自己的念力，跟你自己如何運用這份念力來幫助到你自己！

我們要相信跟建立的是自己內心堅強的那個信念。
你要相信的是：這件事情發生在他身上，一定有一個道理。
就像所有的事情發生在你自己的身上，也一定有一個道理存在，是一樣的。
同時，我們要更堅定地相信，做人真的要善良！
做人真的善良，才能睡得好、睡得著、心安理得，很重要！

命運掌握在自己手裡

菩薩就在你的心中，你的心就是一座大廟，菩薩就在心中坐。

平常的時候，稱念「恭請南無觀世音菩薩」這樣子連續唸九次，菩薩就會跟你連線，傾聽著所有你想要說的話、想要講的問題，你有任何事情都可以跟菩薩說。

菩薩會在冥冥之中給予你智慧，給予你力量，幫助你解決問題、解決難關的。

每一個人的命運都是在自己手裡的。

不是別人告訴你你怎麼做，才會有好運；而是你必須告訴你自己，你要做什麼樣的改變，才能避免錯誤繼續再發生，才能避免可能的困境出現。

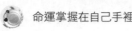

當然你可能現在正處在困境當中，跟不知所措的抉擇當中。

你該做出什麼樣的抉擇對你自己是最好的，相信你自己冷靜下來，一定非常清楚。

誰是出現在你生命當中可以幫助到你的人？那個人其實永遠都是自己，因為只有自己可以幫助你自己。

什麼叫做念轉運就轉？就是靠你自己的念力，將你的個性、脾氣、態度，做一個人生上的轉變跟改變，做一個懺悔，你的人生會整個不一樣。

因為你想改變、想要變得更好，你的所有念力，使人生翻轉變得更順利了。

所以，人生其實不難，人生其實不苦，因為就看你怎麼看待人間苦這件事情。當然人生有很多苦的地方，你一旦經歷過了，它可能就是你的成長、跟你未來可以幫助別人度過難關的智慧。

在人生的課題上，盡心盡力完成人生，讓人生圓滿，順境更多，逆境更少，從你的心念開始改變，你的人生可以因此豐富而圓滿。

請求菩薩安定我們的心，把過去不順利的逆境、困境當中所產生的挫折、負面的能量，都一併讓菩薩帶走，把心中所有的苦痛都送給菩薩，請求菩薩去除我們心中的苦痛，給予我們更多的勇氣去面對未來的課題。

每一個人都可以跟菩薩說：「現在的我，願意發心，深深地做懺悔，對於過往一切不該發生的、不應該做的錯誤決定，以及人生當中可能發過的脾氣，對不起別人、傷害別人的耳語、行為、甚至事件，做深深地懺悔，讓我有機會行善、懺悔自己的行為，能夠重新開始。」

祈求菩薩給予我們最多的智慧，最多的法喜，以及人生未來最多的改變，以及我們對於事物擁有更堅強、更堅定的行動力。

請求菩薩安定你的心，給予你有一份安定的心，讓你有力量前進，做更多的事情，將來可以有利於社會，有利於身邊家人朋友們。

希望菩薩能夠先安定你的心，再賜予你健康上的好能量。

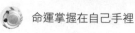

當然所有一切好的運氣、好的能量，都必須先從你自己開始，先從你自己願意幫助自己開始。

請求菩薩安定你曾經徬徨不安的心，請求菩薩去除你心中的苦，請求菩薩給予你最安定的力量。

不要忘記命運掌握在你自己的手裡，改變從自己做起，想要擁有好人生，就必須擁有好的信念。

接受上天最好的安排

有的時候，一直抱怨，不會讓事情變得更好。

一直抱怨，只不過是集中了更多的怨力（怨念的力量），會讓更多不好的人事出現，小人、討厭你的人全都會集中在這時候出現，你不是更生氣了嗎？

所以，接受上天最好的安排！上天會這樣安排，一定有祂的道理。

為什麼讓你遇見這些人、這些事、這些物，一定有其道理，一定是要讓你學習跟成長的。

只要你能夠接受跟謹慎地去思考這就是你的課題，那麼，你接受了，當下便是一種學習，當下便能夠有所成長。

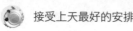

抗拒跟抱怨，只不過增加了更多的負能量。

你一直不斷地在問「為什麼是我？」事情也還是發生了，不會在你問「為什麼是我」的時候，這件事情就消失不見了。

還是必須要你勇敢地去面對問題，才能解決問題，冷靜才能找出答案，冷靜才能找到出口。

所以，要接受上天最好的安排，這也代表著很多事情要學習著念轉。當很多不如意的事情發生的時候，你去要求公平跟不公平，其實都只是過多的抱怨而已。

你要告訴自己：我現在遇到了這件事情，就是要解決問題，那麼我就接受現在，真實去面對這個問題，努力處理它，勇敢一點去面對它，總會找到方法的。接受上天最好的安排，不管你現在遇到了什麼，就當作這是上天給你的最好的試驗，結束之後，便可以得到人生成長的一份禮物。

你懂得感恩，學習更多，所有的逆境都可以化成順境。

學習逆境中惜福，順境中幸福

學習逆境中要惜福！所謂的惜福，珍惜現在在你身邊發生的事情。如果沒有發生這些事情，你怎麼會學習著感恩？你怎麼會學習著放下？你怎麼會知道真相？你怎麼會變成現在這麼勇敢？

一切都是因為擁有了逆境，才能讓你產生更多感恩的力量跟惜福的力量。所以我們要學習：在逆境中要懂得惜福，在順境中要知道自己很幸福。其實我們都很幸福。

你們可以來座談會上心靈成長課，是不是都很幸福？有些人真的工作很忙，沒辦法參加，你們還可以聽老師講話，然後笑一笑，可能很多事情就過去了。

記得，我們一定要學習在逆境中要惜福，順境中要感覺到幸福，然後要一直珍惜著這份幸福，你的幸福才能長久。你越懂得珍惜，福氣就可以維持得越長久。

一定要想想，這些年來你最感恩的是誰？感恩在你身邊、現在還陪在你身邊、沒有離開你的、不離不棄的人。

如果你的脾氣不好，還在你身邊的人，真的還蠻值得珍惜的。

所以我們在幸福當中的時候，還是要感恩對方這麼樣的陪我們，要惜福，惜福才能擁有幸福。

事皆有因有果，承擔比抗拒擁有更多的順利

事情都是有因有果的，都是有原因才會發生的。

既然很多事情有因果關係的存在，你就可以知道，承擔比抗拒還來得重要。

願意承擔，可以讓順境多一點。

不願意承擔，只會抗拒反抗的話，你的逆境就會越來越多了。

承擔比抗拒更好，抗拒只會讓你的逆境越來越多。

但是如果你願意承擔的話，其實你會擁有更多的順利。

責任本來就是每一個人都需要負擔的，你越有心要承擔責任，順境跟貴人就會出現來幫助你。

我們都是在錯誤當中學習，犯了錯懂得反省與檢討，相對的會提升智慧，讓人有所學習，將來遇到類似同樣的問題時，就更有智慧去解決它。

一個人願意承擔，擁有成熟的思考力，不逃避問題，勇敢面對，相對的也會得到較多的支持，貴人以及順境都能夠順勢出現。

抗拒讓人產生痛苦，得不到自己想要的答案，過多的執著讓人不甘心，產生更多的憤恨不平，在這些仇恨的情緒當中，是無法產生智慧的，會讓自己陷入負面思考，產生負面能量，傷及自己以及身邊的人。

但是反觀一個成熟的人，知道事情有因有果，學習著承擔，就能將逆境化為順境。

當然這樣的想法不是一朝一夕所養成的，是需要日積月累的智慧而產生的，我們都在這些大大小小的跌跤當中，學習如何再站起來。

不要被挫敗打倒，不要因為逆境而意志消沉，懂得再站起來的智慧，才能夠幫你贏得勝戰，大步向前。

福在心中，發散福中，知福且能得福

每一個人其實都是非常幸福、有福的人，你的福在心中，可以發散出很多的福氣給別人、祝福別人，你越懂得祝福，福氣就會越來越多。

多說好話、多給別人鼓勵，這也一種愛的布施、善的布施、不用錢也可以做到的布施。

多散發一些福氣給予別人，知道自己是一個幸福的人，你才會更有福氣。

如果你覺得自己很不幸福，現在開始換一個角度來想：「我覺得自己好幸福喔！」你會覺得那份幸福在心中轉換成了不同的能量，會讓你自己越來越好的。

而且要相信自己真的會越來越好，一切都會在逆境當中成長的。

今天所經歷的一切，一定有其意義跟目的，都是為了讓人越來越知道「人身難得」。

人的肉身是非常難得的，所以我們要不斷地修行，修行就是修正自己的行為，不是叫你念經、打坐、吃素，而是要真正地發自內心的從你的內在、從你的心開始做一個改變。

本來很愛發脾氣的，變成少發一點。

本來很愛抱怨的，變成少抱怨一點。

一點點的改變，其實就從你的人生當中、從你的命運當中開始起不同的變化了。

所以要改運，不用靠別人，先從自己改變開始做起，你會發現人生有很多不同的意義跟不同的事情出現。

我們都是有福之人，因為我們願意給他人滿滿的祝福。

學習當一個有福之人，口中盡是祝福的話語，減少批評，多給祝福，才是真正有福之人。

耐心看待一切事物，凡事勿急躁

耐心看待一切事物，做事情要有耐心，凡事不要急躁、慢一點，少罵別人，少指責別人，少指揮別人。

人想要活得久一點，就不要發脾氣，很多事情都不要急，情緒才不會受到影響。

吃飯不要急，走路不要急，做事情也維持沉著冷靜，會好一點。

因為如果你做事情很急，事情也沒辦法處理好，情緒也沒辦法控制好。

有的時候太過於急躁，就會讓自己的身體變不好，會讓人緣變不好，會讓好運變不好。

我們人生如果可以慢慢的、不要急，慢活也好，慢養也好，你的心臟在調節的過程當中會放慢速度，就可以活得久一點！

慢一點，不要急，脾氣好一點，有耐心一點，很多事情就會變得越來越好了。

很多人急於看見事情的發展與結果，但是忘記了很多事情的發展需要一些時間，耐心的等待，才能看見結果。

尤其當結果不如你意的時候，還要能夠學習接受。

有耐心的去看待事情的變化，有時候可以看見其中的奧妙，讓你更看清楚事情的來龍去脈，更能有所領悟，所以凡事不要急，給自己多一點的時間，思考與沈潛。

平常的時候訓練自己靜下心來，感受自己的生活，享受內在的平靜，放下急躁的腳步，讓自己慢活。

什麼事情都慢下來了，就能夠好好過生活，還能夠好好享受當下。

承擔人生苦
學習而有福

菩薩自有安排，人生自有經歷

很多人都問：「菩薩為什麼這樣安排？菩薩為什麼安排了這樣一段經歷？」

不管生活當中出現了什麼，仔細去想想，菩薩的安排是有原因的。

以下這段話是菩薩在座談會現場說的：「菩薩自有安排，因為人生自有經歷。」

每一個人要經歷的階段都不同，你可能常常會問：「為什麼是我？」

因為是你，所以必須要讓你經歷這一段。

你可能也會覺得：「為什麼別人不用經歷這麼多？我為什麼要經歷一次又一次？」甚至你可能學不會教訓又會再經歷一次，你可能很認真地學過了某個課題，可是卻又再出現了一次。

請你記得：「菩薩自有安排，因為人生自有經歷。」

因為是你，所以菩薩安排了你經歷這樣的課題，因為你可以，所以讓你勇敢學習。

考驗著人性、愛與價值

每一項經歷都是一個考驗，它在考驗著你是否能夠突破那個難關。

它考驗著你的人性，人性當中有很多的貪瞋癡，你能不能度過自己的那一關。

考驗著愛，愛你的人、你愛的人，能不能跟你一起度過難關。

然後也考驗著你的價值，你覺得你值不值得別人為你這麼做？

你值不值得為這個人去嘗試？你值不值得為了這份工作犧牲自己的健康？你值不值得犧牲時間減少睡眠去做這件事？

很多時候都在考驗這個事件及這個人有沒有價值，相對地，也反映出你有沒有那個價值。

如果你有心，也許很多事真的會成功；但很多時候縱使你有心，也未必能成功。

但有沒有心其實是最重的一個考驗，因為有心，你會想到不同的方法，想要去克服它，想要去改變它；一旦沒有了心，就算眼前是順境，眼前的事情就算易如反掌，你也不會想要去做。

所以，有沒有心，變得很重要了。

也許努力不一定有結果，但有心，一定會讓努力變得值得。

承擔

人所有的經歷，都是為了承擔，都是苦。

只有苦才能讓人印象深刻、深深記取教訓。

人生所有的經歷都是為了承擔，承擔某一部分的責任，這都是苦，因為只有苦才能訓練人性。

太過安逸的人其實不太能夠吃苦，或者沒吃過苦頭的人，他不道如何在苦中學習。甚至於我們看見有人生病了、有人家裡的家人失智了、年紀大了……，如果你不能夠體會（經歷）同樣的事情，你不能感同身受的話，其實這些事情跟你一點關係都沒有。

有時候只有苦才能讓人感受深刻，才能讓人記取教訓，你不會再犯錯。

如果你不希望再受苦，你會深深地記取教訓。

痛苦的經歷，人才會珍惜

有痛苦的經歷，人才會珍惜；有痛苦的過程，人才會學習成長，你才會告訴自己千萬不要再受過去那樣的苦，不要再犯同樣的錯。只有痛苦及學習，才能讓你同步成長。

有的人是這樣子的，他痛過了之後，難過了之後，他不會記取教訓，他覺得無所謂，也沒有感覺，所以他就會再經歷一次，那就會苦上加苦；他如果願意改變，就不會再受同樣的苦了。

承擔生活，願意改變，立心行願，一切好運

要做改變跟承擔！承擔生活當中所有發生的一切，尤其很多事情都擠在一起時，人會覺得特別地不願做。

當你發現自己有點懶的時候，請給自己強一點的行動力。

只要你在生活當中願意改變，立心行願，只要你想要去做一些改變，發願去做一些改變，一切都有好運的。

大家要謹守《念轉運就轉》系列書中的每一句話，將書中道理真正地用在你們的日常生活當中，謹守菩薩所教導的道理，堅守菩薩說的人間菩薩道。

希望我們每一個人都可以在這條人生道路上修行圓滿，讓我們勇敢，充滿能量迎接未來。

苦中修行

人生沒有不苦的。

有沒有人說「我這輩子人生都很順遂的」？基本上很難，也很少有。

既然如此，人生既然是一出生就開始來受苦的，那麼我們就要懂得承擔這個苦痛，以及在苦中可以作樂。

我們所經歷的每一件事情，其中一定有它蘊含的道理存在，要我們學習，才能改變你的人生，才能改變你的個性，以及對事情的看法跟想法。

就像有的人一直問我一個問題：「你受傷了這麼多次之後，你的人生會不會有一些覺醒，跟從此以後再也不相信人性？」

我還是會相信人性的，因為我覺得會變的是人，而當初我們與任何一個人相遇的時候，可能都是善緣。

但是後來對方可能貪了心、起了不同的慾念，跟我們開始背道而馳的時候，我們沒變、但他變了，所以菩薩幫我們做了一個很自然的驅離跟分別。

所以不需要覺得難過，那都是一個過程，學習讓自己下一次再遇到同樣事情的時候，懂得怎麼樣去做分辨，這都是好事！

人生經歷當中，所有的事情都沒有不應該發生的，所有發生的過程都是必須經歷的過程。

你會說：「那別人為什麼沒有？為什麼我有？」因為菩薩放在每一個人身上所發生的事件、經歷的事件不同，它必須造就不同的人格跟不同的堅強存在。

像有的人就會遇到工作上很可怕的問題，譬如說辦公室的小人、辦公室機車的主管，為什麼他永遠都可以只發號施令、不切實際的宣布一切事情，然後實際做的跟他所想像的理想不一樣？你們可能在工作上是很痛苦的。

那為什麼有人在工作上可以不用遇到這樣的主管？

可是我們如果看另外一個角度，他可能每天工作到凌晨三點，早上六點半又起來，七點要送小孩上學，然後就要開始工作一整天，又要到凌晨三點，每天能睡覺的時間很短。

每一個人有每一個人很辛苦的部分，只是我們沒看見。去跟別人比較，只不過是增加了自己痛苦。

所以我們應該怎麼做？我們應該想像自己是一個很幸福的人，我們有這份工作，有這麼可以辛苦的地方，是一件很值得驕傲的事情，因為就是我們有能力，我們才能被利用。

有時候別人告訴你什麼，我們會有很多的自由意志，會有很多自己的想法、主觀意識，你要去做改變並不容易。

在經歷挫折的時候，有時候你會想到「這是我要做的？或這是我害怕的？」你就用自己的理智判斷你到底想怎麼做，順其自然的發展，它都有你人生當中必須要學習的課題。

像我就認知到：我不聽話、我反抗，我就是自討苦吃。但是我還是很開心，因為我做了我自己想要的選擇。

所以，每一個人其實都在找尋自己的方法，怎樣在生活當中、在這個世界當中，活得越來越開心，越來越有自我。

遇到挫折是人人都一定會有的，我們也一定會有困難的。

透由念轉去改變，用想法去轉換。

譬如有人說：「我就只找到這份工作，也不發年終獎金給我。」

我們就想一想：有人沒找到工作，有人離職之後整年都沒找到工作，我現在有這份工作，我就要感恩了。

用這樣的想法去想，你就會發現，越感恩，你心中跟身邊所擁有的就越來越多，而且都會慢慢碰到更好的人。

如果一直都是抱怨，一直都是批評，一直都是愛比較的，你會發現你比來比去，只會比出自己越來越悲慘，然後就越來越生氣。

所以，還不如不比較，只看我們所擁有的，只感恩給予我們的人。

不要去計較我們給了別人多少，因為永遠比不完。

所以，怎麼樣能夠讓自己開心快樂？少比較，少計較，少去在意別人對你說了什麼，這是很重要的。

遇到任何困境困難的時候，就是不斷地透由念轉，去做一個改變。

從改變自己的脾氣開始，是讓自己好命的開始。

聚福聚德，人生平安順心

我們的人生跟我們的命運，一直都掌握在自己的手裡，其實自己要做任何的改變，都是要靠自己的。

你的努力，會很正向的、很持續的反應在你的人生當中。

當你不願意努力的時候，你的人生其實不會有太多的改變。

但是當你願意努力的時候，你的人生會跟著你的努力做某些程度上的修正，這是一定的。

所以，希望大家一直不斷地透由你自己的能力，去改變你自己的人生。

平常的時候，我們有很多的問題，有很多需要心靈祈求平安的時刻，我們自己就可以跟菩薩講話了，菩薩無所不在，菩薩就是會聽見我們的祈求。

想要跟菩薩講話，無論什麼時間，不管你在哪裡，都可以恭請菩薩、跟菩薩講話，菩薩會聽見你想要說的話。

你可以用最敞開的心胸，自己想跟菩薩說什麼，就可以任意的說什麼。

你可以跟菩薩稟報最近你所發生的事情，請求菩薩幫幫你，幫助你解決目前所面臨的難關，幫助你突破困境；也稟報菩薩正經歷什麼樣的課題，請求菩薩給予你勇氣，請求菩薩給予你智慧，幫助你解決現在遇到人生的困難以及困境。

我常常跟大家提醒，不要亂跑宮廟，因為有時候宮廟可能會講了一些讓你心靈心情都不夠穩定的話語，讓你不知所措。

有遇到任何困境困難的時候，怎麼辦呢？恭請菩薩，自己跟菩薩講問題，不用假藉任何師父、任何老師，你就自己跟菩薩稟報。

如果有什麼樣的困境困難，你很害怕，或是心靈很惶恐的時候，就自己恭請南無觀世音菩薩九句，用你的方式跟菩薩做最直接的溝通，不假手於他人，也不用他人來轉述你的問題。

如果可以的話，用爸爸媽媽的名字去捐助白米，可以為父母親添福添壽。

那麼你也可以用家人的名字或者是你自己的名字，去做一些善事，也可以幫助你和家人能夠平安健康。

如果你害怕有一些血光之災，你也可以在初一的時候，左右食指各刺一針、擠出一滴血，可以幫助你化解血光之災。

只要平常心、歡喜心，就能夠帶來自己的健康、平安、快樂。

不要用意念嚇自己，只要你心念純正，很多好的福氣自然就會跟著你的好心念，而聚福聚德，讓你的人生平安順心。

你可以常常在家裡恭請菩薩，稟報菩薩你身體當中的病痛，有任何不舒服的地方，請求菩薩給予你靈療，讓你擁有光跟熱，讓你能夠修復自己身體受損的部分，能夠給予你自己健康上的好能量。請求菩薩不斷地給予你修復的力量，健康的心情，快樂的能量，能夠引領你做最健康的自己，做勇敢的自己。

祈求菩薩安定我們的心，如果你的心覺得鬱悶、苦，覺得人生有很多的痛楚，請求菩薩給予好能量，以及能夠安定你的心。

請求菩薩在日常生活當中，做一個最好的安排，幫助你用智慧來解決現在遇到的困難困境。

也請求菩薩給予你正向的能量，給你最強、最深、最有能量的祝福，讓你不至於陷入低潮，讓你能夠對抗沮喪，而能夠讓人生充滿著智慧跟正向的能量。

菩薩就在你的身邊，只要你需要菩薩的時候，菩薩無所不在。

祈福觀想

如果可以的話，唸完經，然後把經文回向給病人。然後你可以用觀想菩薩無量光的方式，都可以療癒他。基本上，如果我們有認真安心靜心的做功課，我們勢必還可以延長病人不少時間。

菩薩說，其實如果有心，你是有能力可以創造你自己要給他的奇蹟，那是用你的心念去造成的。

平常我們當然直接恭請菩薩就可以了。但你要用觀想無量光來給予生病的人祝福，要觀想得比較久一點。

你在用無量光觀想的時候，病人不用在你身邊。你就觀想無量光降在他身上，生病部位觀想久一點，然後慢慢往外推、往下推。

菩薩的無量光是白色或金色的，剛開始你先觀想金光或白光，用白光、金光先讓他過濾一遍，去除不好的。

然後，我們再來給他藥師佛的藍光，那是為了要讓他消腫消炎、鎮定止痛，讓他的身體能夠療癒，恢復到正常的狀態。

之後，我們再加菩薩給他的紅光，讓他可以能量飽滿。

最後，再用金光、白光，讓他的身體維持在好的能量，讓他全身的金光能夠保護他，去做一個結尾。

利他才利己

給大家一個非常堅強的信念，就是念轉運就轉，你的命運要靠自己去做改變，要靠自己去做努力。

也許有時候改變一個想法、一個態度、一個個性，或者是改變你的脾氣，你的人生可能整個就會不一樣了。

一個人如果有堅強的信念，一直不斷地存在你心中，它可以規範你的行為，它可以讓你的人正向，甚至於它可以警惕你自己什麼事情該做、什麼事情不該做，它可以成為規範你自己行為非常重要的信念。

就像做一件事情，如果你知道可以利他跟利己的，那麼絕對是把利他放在前面，最後才能夠是利己的。

每一個人都有很多的信仰，很多的堅持，不過就要看你自己怎麼樣在人生當中去堅守這些信念，讓這些信念使你成為更好的自己。

請求菩薩在你日常生活當中可以給予你一些正向的能量，給你一些好的改變，甚至於幫你把不好的去除掉，讓你在面對困境的時候更有智慧，能夠解決你的難關、你的問題。

請求菩薩給你正向的能量，請求菩薩能夠幫助你度過難關，請求菩薩能夠聽你說話，也請求菩薩能夠改變你目前所遇到的，不管是健康、工作、感情、⋯⋯各方面的問題，請求菩薩給予你更多的智慧，讓你的人生更加的平安、更加的快樂。

我們在過去的日子當中，可能遇到了很多的挫折，可能讓我們的心情變得更不平靜，也讓我們的意念當中出現了許多的貪嗔癡。

在這些反省檢討自己的過程當中，我們有沒有進步？以及學習到了什麼？

讓我們把自己過去所犯的錯，能夠仔細的、清楚的稟報菩薩，請菩薩給你一個全新的能量，讓你在未來能夠重新出發，有更好的能量，能夠在未來做更美好、更完整的自己。

你可以聽聽自己內在真實的聲音，做出自己真正想要的選擇。過去你對於選擇，也許不是很清楚自己該做什麼，現在請你回到澄淨的自己，做出自己最想要的選擇，以及設定一個未來能夠讓自己快樂的目標，那是你自己可以掌控的，那也是真實的你。

聽聽自己內在的聲音，在未來的日子裡，你想要成為什麼樣的你？請求菩薩安定你的心，讓未來的你能夠心情愉快、快快樂樂的去面對生活當中一切的困境跟難關。

安定你的心，請求菩薩給予你更多的自信，更多的勇氣，讓你勇敢向前，能夠元氣滿滿，在未來遇到任何困難都不害怕，因為有菩薩相伴，因為有菩薩相隨。你所經歷的一切，菩薩一切都在，一直都在。

勿用言語傷人

要管好我們的嘴，管好我們的手不要亂打字，不要用我們的口跟文字的力量去攻擊別人。

在台灣言論非常自由的情況下，很多人都會覺得：「我要講什麼就講什麼，其實是我個人的自由。」當然這是非常好的，立意非常的良善。

但很多時候我們在說話的時候，難免會傷害到別人，會引起別人情緒上的不滿跟不愉快的情緒，因此可能會有很多的對立，可能會有人際關係緊張的狀況。

甚至於有些人是不敢發聲的，他悶著不敢說話，因為一說話，如果表達跟別人不同的意見，就會被人騷擾、或是輕蔑看不起、或者是被語言上的攻擊，都有可能。

尤其接近一些選舉時，大部分都出現口舌之爭的情況下，大家的氣場可能會被一些文字、發表的言論而牽動了很多的情緒，大家無論如何都要穩著。

要管好自己的嘴，不要隨便亂說，不要隨便聽聽就說，不要聽到什麼就說什麼。

在說話之前，我們都要想想：「說這話，對這個人有沒有幫助？」會影響他的，會讓他心情不好的，會讓他緊張、失眠難安的，我們就盡量不要說；或者我們用提醒的方式，用婉轉的方式來提醒他。

如果說了會讓人恐懼、害怕、擔憂的，盡可能地，我們不要製造這種混亂的狀況或是讓人覺得驚恐。

所以，管好我們自己的嘴，不要隨便亂聽、亂說，不要隨意地表達自己個人的意見，因為有時候可能會讓別人感覺到非常受傷。

雖然講的人可能沒有什麼特別的意思、不是故意的，但是聽在別人耳裡，他可能是很在意的，他聽進去了，他受傷了，可能多多少少都會造成彼此關係上的不合，甚至於後面大家要一起合作、或是後面要做什麼事情，可能就會有一些困難度出現。

甚至於這個人聽了你的話，他就喪志了，他難過了，他不開心了，因而想不開。所以盡可能地，我們要管好自己的嘴。

還有一點，就是管好自己的手。有的時候你不見得用嘴巴說，但是你用手打字出來，躲在鍵盤後面打你想要講的話，進而去傷害了別人，其實這樣也不好。

所以我們都要學習到的一個課題是：我們要管好自己的嘴，管好自己的手，不要亂用語言的力量、文字的力量去傷害任何人。

我們本來就沒辦法管別人，所以我們只能管好自己的嘴和手。

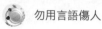

回歸本質心感恩

要懂得感恩身邊的人，然後，人很重要的是一定要懂得謙卑跟謙虛，要能夠堅持住初發心。

如果身邊的人都告訴你：「你好棒！你真的超棒的！」這個會不會讓我們產生一些迷思就是：我們身邊的人都這麼拱我們的時候，我們其實很快就會忘了自己是誰了，然後會忘了我們自己的初發心，會忘了我們自己的初衷。

是不是應該回歸到本質來，去想想今天我為什麼擁有了這些？是這麼多的人所給予我的。

今天我有這份工作，是因為老闆賞識我、上司給我機會、同事的幫忙合作，我今天才有這份工作的。

如果我們可以多一些感恩跟謙卑的話，其實我們在工作上任何的部分，都會是很穩定的，而且會受到很多貴人相助的。

但如果我們是不可一世的、目中無人的，總是覺得這個公司非得要你不可，覺得你自己非常重要，那麼相對的，因為你囂張的氣焰、大頭症、或者是覺得你是這個環境當中不可或缺的一個很大的角色，就開始拿翹，給予別人臉色看，可能慢慢地，在你身邊的人也會開始覺得說：「你怎麼會變成這樣？」這是他們可能心中的第一個疑問。

再來就是，你變了，別人也知道，只是別人說跟不說而已。

當然久了之後，日久見人心，大家就會知道：原來你是這樣的人！

所以我一直提醒大家，不管你現在經歷了什麼，不管你現在多成功，都不要忘記：你在失敗的時候這麼多人幫助你，在困頓的時候有這麼多的力量在支持著你。

每個人都會遇到困難，我們也都很需要貴人，希望大家不要忘記初衷是什麼、初發心是什麼，這非常的重要。

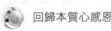

人家說驕兵必敗，驕傲的人總是比較有囂張的氣焰，會讓人覺得不舒服。所以謙卑、謙虛真的比較重要！所以我們要時時感恩身邊的人，這是非常重要的，因為他們讓我們可以有現在的生活。

我們都不要太抬高自己的能量，我們都不要太抬高自己的地位，其實我們每一個人今天可以在這裡，都是因為身邊有很多人支持著我們，我們才會在這裡。所以菩薩常常講：時時要感恩，時時要感謝身邊的人。這是非常重要的。

一個人如果不知道感恩的話，就會開始覺得不可一世。不可一世跟目中無人其實是可怕的開始，因為你的心中跟眼中已經看不見其他人了，你總是覺得自己是最棒、最厲害的，那就永遠都看不到自己的弱點，沒有辦法改變自己跟改進自己，那是非常可惜的。

所以還是要提醒大家，莫忘初衷，一定要謙虛謙卑。

放下負面同理他人

不要把負面的情緒轉移給別人，不要把憤怒的情緒用在別人身上。做什麼事情一定要想到別人，要能夠同理他人的感受。

可以給人方便的時候，千萬不要覺得：「這是我施捨給你的！如果沒有我的話，你哪能這麼方便！」

假設我們今天去到一個地方，你覺得那邊的人對你不友善，大家很忙，都沒有辦法招呼你，到底你會認為他們沒禮貌？還是我們有沒有體會到跟感同身受到：「因為大家都在忙，所以沒關係，我自己來就好」？

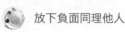

給人方便，不是也是一種好的布施嗎？不要造成別人的麻煩，也是很重要的。總不能你走到哪裡都要別人重視你。

如果你每次因為不受到重視，你就罵人；別人不聽你的勸，你就罵他；不如你的意，你就開始數落東、數落西、指責這個、指責那個，久了之後你會覺得你是大爺，你就會目中無人，然後失去了自己。

如果你是真正信菩薩的人，相信你的修行不會只是在嘴上說說而已。

太多的人念經又吃素，他可能吃了十幾年的素，念經念了二三十年，可是他真正在應對人的時候，是刻薄而且嚴厲的，甚至於不給人家任何寬容的機會，而且他的箭頭一直都是指著別人，他的手指頭一直都是在指著別人，自己都沒有錯。

我想告訴大家的是：如果你認識菩薩，如果你相信菩薩，我相信你不會允許自己變成那樣的人。

不要跟別人起衝突，不要把憤怒出在別人的身上，因為別人沒有義務去消耗你這些憤怒的情緒。

紀錄座談會

問事篇

●有人問：「最強的開運方法？」

南無觀世音菩薩說：「做善事。」

每天要告訴自己要很愛很愛身邊的人，當你感受到很多愛的同時，增加了你所有的好運氣，菩薩會幫你安排貴人，菩薩會讓你的上司對你刮目相看。

當你用感恩的心，去看待不好的人所給予你的對待，而你還願意感謝他的時候，你會發現你自己很不一樣。這就是菩薩賜予的超強開運大補帖。

在生活及工作當中，面對一個你向來很討厭的人，當你每天看到他的時候，只要你還能非常地感謝他，這個時候你就改變了，代表你的好運來了，你的福氣來了。

所以，假設當你覺得跟另一半講話、或某一個人交談是很痛苦的，跟他無法溝通，如菩薩所說，原本的我們應該要改變，我們仍要感謝他。

過去愈看不順眼的人，要打從心底非常地感謝他，如果沒有他，就無法成就現在堅強的我。

這就是給各位的開運方法：多做善事、多心存善念、要感恩。

遇到感情難關以及遇到人際關係難關的人，也可以去抱抱一直都很正向的人，去跟一直很正向的人說說話，討一個擁抱，討一個鼓勵。當你找正向的人擁抱及傾訴完了之後，可以幫你愈來愈好，然後會逐漸地覺得沒什麼大不了的。

我們能掌控所有的變化嗎？

我們很難管到這世界上所有的事，很多事情的變化不是我們個人可以改變、可以管的，我們也不需要知道這麼多，只管自己的本份該怎麼做，盡什麼樣的責任，這樣就好。

有很多事情的細節，就算你鉅細靡遺地清楚知道了，只是滿足你的好奇心而已，對你這一世的學習並沒有幫助。

不要有好奇心去知道別人的事跟無謂的事，那不關你的事，也沒有意義，傳來傳去就變成一種誤會。

有人問：「我們有時候會有情緒，我們可能會找朋友傾訴一些事情。如何分辨我們這樣是八卦？還是我們是情緒分享？」

當你認識菩薩之後，就應該知道，別講他人的八卦。

若你只是單純想宣洩自己的情緒，而向第三者傾訴另一方的私事時，你可以在談論前，先向第三者強調只是宣洩自己的情緒，請他不必提供意見；若對方不想聽，你也不可惱羞成怒。

所以，很重要的一點是當你在描述另一方的事情時，不可以讓傾聽者的情緒被牽動，進而對另一方產生誤解及錯誤的認知，因為傾聽者對另一方的判斷是來自你的話語，若因此讓他認為另一方是壞人，就會造業。

若你是在跟傾聽者描述與另一方吵架的情況，你可強調自己只是單純地發洩情緒，另一方並沒有錯，而是你自己的問題，你就不會造業。只要造成傾聽者對另一方的誤解，或你所描述的並非事實，你就會擔業。另一方面，當有人一直在跟你批評其他人，傾聽的人也要智慧，心裡要明白那位批評者只是在宣洩情緒，不要也跟著批評。

●有人問：「如何判斷說謊或善意的謊言？例如同事換新髮型，對他說很好看，這算說謊嗎？還是善意的謊言？」

以這個例子來說，這是一種讚美，讚美人家並不是敷衍，連善意的謊言都不是。就算每個人的審美觀不同，但也應口吐蓮花。若你心裡不認同，甚至在心中批評，也就代表著你起了憎恨心及分別心。這是心態上的問題，何況有關美醜的問題，每個人的主觀判斷都不相同，何不發自內心多給別人一些正面的肯定呢？

●菩薩說，想要增加貴人，自己的嘴巴就要生甜一點。

有的時候說話太直，傷害了別人，所以會造成人際關係上面的失和，你的好姊妹都變成不是你的貴人，他們都會說你、或扯你的後腿。

所以多笑容，多說好聽的話，就能讓你的貴人增加。

人際關係的貴人，還是要從自己自身做起，多點笑容，多說好聽的話。

就算是諂媚虛偽的言語，別人喜歡聽，你也要能夠說出來，不要太直接的傷害到對方，不然的話這樣就會有很多小人針鋒相對。

●有人問：「職場上偶爾會應公司要求對外說一些不實的話，其實自己個人是不太認同的，但又不得不這麼做，這樣是不是要跟公司一起承擔業力？有什麼方法可以化解？」

在職務上主管要你怎麼說，這是你職務上應盡的責任，站在公司的立場你本來就應該做些事情，這罪業不歸你承擔，因為這是公司高層交代你做的，不是你自己決定要這麼做的，這業力由公司高層承擔，大家其實不必太擔心這個問題。

例如，你是公司的業務，也許公司的產品沒那麼好，但因為你領了公司的薪水，基於職業道德，你不該反過來批評這個產品，講公司的壞話，你這樣的行為反而會承擔業力；但這必須建立在產品是不會危及健康及安全的前提上。若這產品真的不好，甚至有害健康及安全，連你自己都無法被說服，你應該離職不做，甚至舉報。

●該如何面對自己年輕時犯下的過錯？

很多時候從年輕犯下了錯，現在一直不斷地在彌補著，總是有機會可以重新開始的，總是有很多的機會可以檢視自己的。

控制脾氣，是人生當中最重要的修行課題。

如果一直讓脾氣這件事情成為了一種罣礙，那會阻礙你的成長，它就是你最需要學習的。

所以學習控制脾氣，學習不口出惡言，學習在生氣的當下還能夠理智判斷、甚至不語，它都是一種方法。

能夠有方法控制自己，就代表著你有進步的機會跟空間。

能夠學習控制自己的想法，盡量正向地去想。不管現在的困境有多大，你都願意正向地去想的時候，所有的事情才會有了轉機。

菩薩在人身上點點滴滴所做的安排，也許你現在還不能夠完全的瞭解，但是在未來，你會知道，這些只不過是訓練的過程，因為一切都會過去的。

曾有同學發生了比較緊急的事件，傷心難過、求助於菩薩時，菩薩冷靜的告訴他「一切都會過去的」。

當時菩薩安慰他：「一切都會過去的，所有人生的苦痛都會過去的。」這句話給了我們重啟的力量，也給了我們面對事情難關時應該有積極的想法。

菩薩也把這句話送給你：一切都會過去的！

當下最重要的，是對自我的警惕與努力。

不管如何，我們都不放棄，我們都要學習，我們一起加油。

上天的安排都是最好的。當下的糾結與不捨，我們無法接受、無法領悟，非得要等到時機成熟了，才能理解這一切的安排。

雖然會經歷痛苦，會經歷不甘心，會經歷憤恨，但也只有自己親自體會，願意了，這一切的智慧，都是自己的。

不管時間多久，我們也重生了，心也自由了。

年輕時候做錯的事情，已經懺悔，也花了時間去做彌補了，該做的、該付出的也都付出了，其實人本來就應該繼續往前走。

現在接觸了菩薩，接觸了佛法，菩薩希望你永遠擁有源源不絕的能量可以給別人安定。

雖然忙碌，雖然很累，但菩提花開的時候，是最美麗、最芬芳的，現在在你的心田裡面已經開啟了一朵花，象徵著菩薩不會離開你，這朵花永遠沒有凋謝的那一天，因為會促使著你擁有動力，一直不斷地維持著花朵的綻放跟美麗。

●是不是盡力了，一切就圓滿了？

人生部分，很多事情盡力了，一切就等待圓滿了，不需強求，只需要隨緣。

接下來的人生會越來越好，因為你認識了菩薩。

未來相信會有更多的美滿、更多的幸福，但考驗的課題也一定是存在著的。

面對未來的考驗，都視為是更多的課業安排，都視為是學習更多人生精進的道理。

繼續用你的精進，幫助著你身邊的人。

繼續用精進的力量，給予別人更多能力上的祝福。

時時刻刻有愛，時時刻刻能夠反省諸己，時時刻刻能夠給予別人即時的幫助。

時時刻刻能夠有覺心、覺察自己的心，能夠醒覺、思考、反省、覺悟，知道自己該做什麼。

行動力要增強，想做什麼事情，就去做，就去進行，不需要拖到以後，盡全力之後，心就圓滿了。

●有人問：「菩薩說心要空。我的心是空的，卻覺得痛苦？」

菩薩說，你的心沒有是空的，你的心沒有空，很多事情都放不下。包含人家對你做過的事，人家對你說過的話，你不能夠忘記，你不會放下。所以一旦這個人要給你傷害，你會記一輩子。這個傷痛，你也會記一輩子。所以你的心不是空的。你的心裝滿了所有負面的東西，所以你對人不相信，你對事情不相信，不相信所有的事情都會有好的發展。你的心並沒有空。

是你自己的心裝了太多負面的東西，而讓你的感覺是空的，你覺得你一無所有。而這個一無所有的感覺，是自己造成的，因為你把所有的感覺都抓在自己身上，不曾放下，所以你才會覺得是痛苦的。

你一定要記得，沒有人對不起你！別人對你所做的事情，在那個當下造成的傷害，其實在做完了之後已經過去了，是你把這個包袱一直背到現在的。

譬如對方打一個人打完之後，這件事情其實就結束了，就放下了。

可是我一直記得「他打我」這件事情，因為我是受傷的人，所以我就一直把這件事情記在心裡面，我就會一直覺得不甘受辱，我就一直想著：「我有一天要報復！」所以是自己沒放過自己。

但是如果是人家打了我之後，打了就打了，沒關係，我過我自己的，我要活得比他好，所以我去做我自己該做的事情，我就放下了。

還有，婚姻的失敗，並不代表人生整個都失敗，你為什麼要被這個不愛你的人否定了你的價值、講了你什麼，你就認為你這一生這一世就這樣被他毀了？

沒有人可以毀了你的人生，只有你自己。

你不給自己重新再站起來的機會，只有你可以毀掉你自己。

所以不要說你對人性失望。

我們可以對人性失望，也可以對人性是充滿希望的，都是要看自己。

是你讓自己陷入了這種困境當中，不站起來。

要不要好命，要不要把過去的事情放下，其實都是看你自己。

菩薩剛剛講的這番話，其實裡面教了很多的方法，包含叫你去面對，叫你去放下。這些事情只要你照著做，你的人生是可以重新開始的。

可是你把過去人家對你做的事情，每一分每一毫都記在心裡面，這個不是人家有沒有放過你，是你沒放過你自己。所以你不能怪別人為什麼造成這些傷害給你。每個人給你的，在傷害的那個當下就已經過了，是你自己緊抓這些傷害不放，時時提醒你自己被人家傷害著。

舉個例子，別人打你一巴掌，當下很痛，但過去就已經過去了，是你自己還記得那一巴掌的恨跟痛。

菩薩曾經比喻過開盲腸，盲腸痛的當下，把它割掉之後，看到那個疤，你會記得你曾經開過盲腸，但看到那個疤，你不會再感覺到當下開刀的痛，因為你知道事情已經過去了，這個疤的存在只是提醒你：「我曾經開過盲腸」，但不會看見這個疤的時候又有傷痛。

所以我不會因為離婚了，每次一想到離婚，我就覺得我很痛。是要痛幾年？是要痛沒完沒了？是要跟痛耗一輩子嗎？

人生是自己的。你痛是你的事，別人開心的很。

你何必要把自己的人生搞成一定要專注痛在那裡呢？沒有人對不起你！

你一定要想辦法把這點想通，否則的話，你會一直陷在苦境當中。

我也是離婚的人，我就不覺得我很苦。

問事者說：「我覺得沒自信了！」

被離婚的人，本來就會沒自信，那就要看你怎麼想。

那個人不愛你，你失去一個不愛你的人，你為什麼要難過？他才該難過，因為他失去了一個愛他的人，我們那麼愛他，他失去了一個愛他的人，該哭的人是他，怎麼會是我們呢？

「所以是因為這樣，新的感情走不進來？」

不要愁眉苦臉，我們都不想要跟一個每天不開心的人在一起！

每天都開心，就會有人愛我！這就認定命運大不同。

為什麼很多離完婚的女生，都一定要愁眉苦臉，帶著小孩子就要愁雲慘霧，然後我們的世界好像毀滅了？不會啊！

每個人都有新的開始，新的人生，總會遇到適合我們的人。

這個人不懂得珍惜我們，我們如果是好的，一定會有人珍惜我們的。

我們都喜歡跟開心快樂的人在一起，為什麼要跟他在一起？我們跟這個人在一起，就是因為他可以帶給我們開心跟快樂，所以我們會跟這個人在一起。

我們不會跟一個長期永遠都在傷心難過的人在一起。

剛開始我們會有同情心，我們會有憐憫之心，我們會有惻隱之心，照顧他、安慰他，他好了我們就開心，所以我們是希望他開心的。

可是他如果長期都一直不開心，相處不了多久，我們就會累了！漸漸的，我們就會不愛他了，因為太累了，我們每次見到他就要安慰他。「為什麼你不能帶給我歡樂？為什麼總是我帶給你歡樂？」人家怎麼會愛你？人家怎麼愛你？

所以你要別人愛你的時候，你自己要先愛你自己，你要覺得自己是值得被愛。你自己要想通：「前夫不愛我，是因為他有問題，又不是我有問題」。你想不通，這個困惑會跟著你一輩子，困境也會跟著你一輩子。唯有你想通了，這件事情才能解決。

它沒有一個方法，它就是要執行，執行什麼？讓自己快樂！讓自己臉上充滿著笑容！讓自己有自信，每天打扮得漂漂亮亮！讓別人跟我在一起是開心的，讓別人喜歡跟我在一起。

你看見一個人樂觀，看見一個人快樂，你會好羨慕他，覺得他怎麼每天都那麼開心！你就要成為那個人，成為可以帶給別人快樂的人！別人就會很珍惜我們。

把心境打開，把你的苦拿走。

這世界上比我們苦的人還有很多！

有人癌症末期，現在在病床上跟病魔搏鬥，我們還可以哭著說自己過去心情上的傷痛。我們真的已經很幸福了。

●我離婚了，但我好痛苦，我該怎麼辦？

記得我剛離婚的時候，我問菩薩說：「我這麼難過，我很快就能放下嗎？」我很擔心自己走不出來，我會不會一直沒辦法放下？

後來菩薩跟我講說：「你會很快就放下。」我想哪有可能？

後來因為前夫恐嚇說要傷害我跟孩子，我馬上就放下了。

所以讓你經歷傷痛，有時候痛過了頭，很快就會放下了，所以痛是好事。

不要認為：「怎麼那麼痛？該怎麼辦？我站不起來，我沒有辦法跨越。」其實你只要認清事實的當下，痛就會提早結束，你就沒有機會讓任何人可以傷害得了你，因為你夠堅強、夠勇敢了。

失去了一份愛與關係的確讓人感到傷痛，但是何必為了一個不愛你的人傷心難過，為了自己的未來，學習放下痛，我們才能勇敢再愛下去。

●有人問再婚姻緣。

菩薩說，與前夫的狀況就放下吧！不要再想太久，時間是很寶貴的。

你是希望前夫回來嗎？你要好好想想，哪種人生是你想要的？

你又要他回來，又要他離開，到底哪一個才是你真正想要的？

想要更好，就得放棄不屬我們的東西跟人。否則占著茅坑不拉屎，不能夠讓下一個人進來。

人生永遠會遇到更好的，因為你會知道你要的條件跟你要的，所以會越來越好。

人老了還是會追尋愛情，如同我爸爸往生前依舊想追回我媽媽，八十歲的人都會追尋自己的愛情，你為何要否決自己？

「我應該沒機會遇到沒結過婚的？」

為什麼不能遇到未婚者？如果我們是對愛充滿希望的，我們本來就會遇到一個很愛我們的人，就看我們對應的情緒是什麼，就會遇到什麼樣的人。

我們只會越找越好，不會越找越爛，因為我們知道我們要的條件，所以會越來越好。

你問會不會遇到？只要你有好的信念，只要你相信「會有一個人出現在你面前，告訴你他會愛你、他會保護你」，你的信念就會讓你遇到。

就如同我之前離婚時，我只想照顧好我的小孩，並未想到未來是否還有愛情。

但菩薩告訴我，有一天會有一個人出現跟我說：「我來晚了，害妳受了那麼多苦。」我想說怎麼有可能？

後來愛情出現的時候，就跟菩薩講的一模一樣。

那時候我很冷靜，心想怎麼會有這樣的人？因為我很沒安全感，所以我一直測試他，後來我發現原來有這麼柔軟的人跟我對應著。

所以先調整你的想法，你相信這世界上有這樣愛你的人，菩薩就會幫你找到你想要的這樣的人出現。

●受傷之後，如何還能去愛？

細細地去回想你的人生，其實一路走來坎坷，並不圓滿，但你還是走到了今天這一步，雖然有些辛苦，雖然失去了很多，放棄了很多，成全了很多。

目前也許在你的認知裡面，都還不夠圓滿，但現況是你尚可接受的。

菩薩希望你的人生可以多一點熱情，可以對人多一點信任，可以再試試看接受愛的可能。沒有人一輩子只會受到傷害而不被愛的。

在你經歷愛了之後，可以不愛，那是一種過程。

但在受了傷之後，一定要懂得如何讓自己痊癒，才有那勇氣可以再接受跟感受到愛。

你很需要愛，本來就是一個需要活在愛裡面的人，那麼怎麼可以把愛推卻到你的生活之外？怎麼可以讓自己成為一個不要有太多感受的人呢？

菩薩希望你靜下來，去感受別人對你的好，去感受你生活當中的需求，然後面對自己的需求。

表達自己的需求，那不是可恥，那不是脆弱，那不是軟弱，更不是懦弱，那是人生當中很重要、每一個人都必須靠感覺存在以及成長很重要的一個元素。

在愛中受傷的人，勇敢走回愛裡，便能夠在愛中得到療癒。

●有人問：「姻緣何時來？從小因為家庭關係，導致沒有安全感，有何方法？」

對於感情這件事情，太過於保護自己了，然後對家人也很沒有安全感。

很多事情都很倔強執著，別人不容易說動你。

個性太過於執著，還包含你對家人有時候會有一些正面的衝突，或是語氣上不好的、不耐煩的狀況，就會影響到自己的姻緣。

你要去找出不安全感的原因，譬如從小爸媽一直在罵你、數落你，讓你沒有自信，這都可能是原因，你要把沒有安全感這件事情找出來。

你可以去看看諮商老師，可以去找他們聊聊，他們很冷靜、很有耐心，可以傾聽你的問題並給予建議。

人都必須要從了解自己開始，才能找到問題，找到自己的問題之後，才能知道自己要的是什麼。

你要的感情，可能不是爸爸媽媽對應的方式，可能你需要的是一個新的改變。所以新的改變，就要摒棄你父母，反應在你身上的個性。

你既然要一個跟他們不一樣的婚姻模式，你就要摒棄掉他們給予你的。

你明明知道那是痛苦的回憶，就因為你很害怕，就因為你不想，憎恨這樣的模式，你就不應該再把它複製在你身上，你要能跳脫。

所以，想辦法去認識你自己。

菩薩說，調整一下個性，姻緣就會來。

如果可以調整一下自己的脾氣，就會找到一個很好的對象。但在還沒有調整脾氣之前，姻緣可能就會空在那裡，所以這跟個性有很大的關係。

希望你會有一些些改變，相信你一定可以遇到一個很好的伴侶。

但首先你必須要是一個很有耐心的人，不要負面能量這麼多，老是這麼擔心。

豁出去了，開心一點，反正就是這樣子了，人生就這樣子了。

開心一點，不要覺得開心是有罪惡感的。

想辦法讓自己開心一點，因為開心所散發出來的能量，才能吸引到跟我們一樣的人。

如果你散發出來的是負面能量，剛開始交往，他可能因為愛，照顧你而得到成就感，可是照顧久了會累，他可能就會跑掉。

所以我們本身要是開心的，彼此都是開心的，才能在一起。

●開心不起來，終日憂愁，該怎麼辦？

把自己照顧好，讓自己快樂。

如果有愛情給你快樂，那你就去追尋。

如果自由自在帶給你快樂，你就選擇自由自在。

如果對姻緣不期待、不要綁手綁腳，也是好事，因為能屈能伸。人的決定，是隨自己心情改變，任何時間做任何取捨都可以，只要自己開心就好。

菩薩說你這一世是來享受開心的，並且把很多歡樂帶給別人，那為何自己要先憂愁起來？開心的時候，就有很多能量去做很多事情；不開心的時候，你就把自己鎖起來關起來不想見人。

其實你應該去接觸更多很開心的事情，讓自己有更多能量，去幫助更多需要幫助的人，哪怕只是一個擁抱、一個微笑，都很重要。

●想成為柔軟的人該怎麼做？

菩薩希望你在靜中可以得智慧，在靜中可以生淨。

水是易善的，水是跟著瓶器在做改變的。

易水，就是這個水能夠隨著容器改變，水是善變的，水是能夠被改變的，水是很輕易地融入了所有的環境。

希望你自己能夠隨著這個水、善水、易水，能夠得到乾淨平靜、三昧水淨。

希望能夠藉由水的三昧，能夠心淨。

所以你不會因為這裡有人認識你、那裡沒人認識你，你會感覺到不自在，到哪裡都是自在的，你到哪裡都跟水一樣。

水可以容易溶入咖啡粉變成咖啡，水也可以溶入奶粉變成奶茶，我都是水，我無所謂。

在什麼樣的環境，我的本質就是水，不管我添加了什麼粉類，變成咖啡或奶茶或是其他的，我的本質就是水，我就是不變。

我外相是變的，但我本質不變。

柔軟不在外在，而在本質的心

往生篇

●失去了親人，感覺自己是空的？

失去親人並不代表我失去了所有。

失去親人可能只是僅有一部分我失去了，但在另外一種形式上我是擁有了祂，我可以給予祂無限的空間、無形的自由，我可以任意地擁有祂，我可以任意地祝福祂。

所以失去不算什麼，失去是另外一種形式。

但真實的存在，其實是一直存在在心裡面的，我給予祂滿滿的祝福，我知道祂在菩薩那裡。

你知道你自己有很多事情，是需要拋開這些悲傷而努力面對，跟必須堅持下去的。因為你知道你不是為了一個人、也不是為了自己而活，你有很多的責任擔在身上，必須要帶著它們一起往前走、向下走、走下去。

菩薩知道這一路你走來辛苦了，而且在這一年的變化當中，非常強烈地、劇烈地強迫你接受生老病死無常這些課題。

在於人們來看，感覺上菩薩安排了這些事情是殘忍的。但是事實上讓你知道，有很多事情是更需要珍惜在這個當下的。

在另外一個角度來看，其實祂也是解脫了，所以任何事情都有其美好的安排。

祂利用了這短暫的幾十年生命，去體驗了疾病在身上，可能盡了心力，但卻無法消弭它，唯有可能運用了所謂無常的變化，才能讓人體會到祂的存在，所以祂也感受到了，你們也知道了。而你在這些過程當中，其實你們都看見，家人們很努力的在為一個問題解決尋求方法，這就是一個凝聚力。

現在走了，也許感覺上很空洞，但事實上祂已經解脫了，然後你們也得到了很多更需要成長的課題。

接下來課題，你自己一人生活著，菩薩希望無論如何你都要學著把自己照顧好，然後讓自己更加地堅強，跟更加地勇敢。

菩薩一直都會陪伴在你身邊，不要害怕，因為菩薩一直都在。

●想念往生親人時，我可以怎麼做？

菩薩知道你很辛苦，因為失去了親人是一種錐心之痛。

但是換另外一個角度想，在菩薩的眼裡，往生親人其實解脫了，祂不再受苦了，祂不痛了，菩薩把祂接引到身邊來，讓祂在無病無痛的情況下，跟著菩薩修行。

對於親人的離開，當然會有很多的不捨。但菩薩相信，在你越來越好的情況下，你的親人也能夠在另外一個世界越來越好。

所以你一定要懂得照顧好你自己，親人在觀看著你在人間生活的一切。

如果你能夠放下心來，往生親人自然就能夠痊癒，往生親人自然就能夠不擔心、不擔憂，因為祂不會覺得自己的離開為你帶來了太多的憂愁。

無論如何，請你一定要堅強，一定要勇敢。

往生親人其實是離開了苦，得到了快樂。

當然親情當中，會有一些些牽扯，會有一些些牽連，也會有一些些不捨與難過，這是正常的。

但如果可以的話，用最大的力量、最大的悲傷化作成最大的祝福，給予往生親人念經文迴向。

當你想念祂的時候，就唸：「唵嘛呢叭咪吽」。

當你想念祂的時候，就稱唸南無觀世音菩薩，菩薩會把你這份愛跟想念，傳遞給祂的。

生活當中，一定要懂得照顧好自己，讓你的往生親人不要擔憂你，這樣才是完成此生最重要的課題。

有時候我們想念一個人的時候，不見得一定要看到祂的實體，其實祂的精神、祂的愛、祂給予我們的所有記憶跟回憶，其實是一直都不斷存在的。

就算你哭泣，祂還是在旁邊的，祂還是會守護著你。也就是說，現在你在生活當中，你在哭泣的時候，其實往生者還是可以感覺到的。

所以相對的，你要勇敢！因為你難過，往生親人會知道；你難過，親人會看見在哭泣的你。所以無論如何，你都要為了祂勇敢。

菩薩希望我們傷心難過哭兩、三個月，就要開始振作了。

如果你的狀態都沒有很好，你的往生親人會覺得很對不起你，讓你這麼難過，反而祂會擔心。

如果你一直都是難過的，你每掉一滴眼淚，往生親人都會覺得：祂沒有辦法好好照顧你，是祂的錯，祂就會沒有辦法離開。

想要讓祂趕快跟菩薩去修行，你就要過得好好的。

你可以想起祂的時候難過，沒有關係！

但是你不能夠一直都是傷心消沈的，不然祂會放心不下，祂會在人世間徘迴。

菩薩說：往生親人很好，你要過得比祂更好。不要忘記，把祂的那一份一起活下去。

你想祂的時候，「恭請南無觀世音菩薩」九句，然後跟菩薩講說：「菩薩，祢幫我帶話給祂……」，菩薩會幫你帶話給祂的，讓你可以跟祂溝通。

●想跟往生親人說說話，想知道祂好不好？

菩薩要告訴你，往生親人很好，菩薩希望你也很好。

一直不斷地保持樂觀開朗的心，找到自己人生的定位跟方向，找到自己工作上的歸屬，非常重要！因為你需要藉工作來消除跟弭平你心中煩憂煩悶的狀態，找點事做是好的，找事情忙是對的，然後找人關心也是好的，因為可以給予人家很多的力量。

所以不管你做任何事情、任何抉擇，都要想著：往生親人不能擔心我，所以我要開心，我要堅強，我要讓往生親人放心。

你的快樂，就是引領著跟往生親人聯繫著。你的寬心、你的開心，會帶給往生親人更多的福氣。所以你怎麼做，往生親人怎麼開心。

●為什麼我這麼辛苦，結果還要遭受到這些？

菩薩說，這一路走來，你應該知道，遭受這些是為了什麼？

讓你看清了很多人事，讓你看清了很多的是非，讓你經歷了很多無常。

你就會開始瞭解到，有的時候，付出最多的那個人，未必收穫是最多的，反而會經歷了很多勞心勞力的過程，然後最後產生的是一個結論，叫做一無所有。

一無所有，代表擁有了什麼？

代表擁有了這些過程、成就，讓你在這些過程當中，得到的是一種感受智慧，是知道了：「付出原來不見得一定會有得到」。

但這些過程可以讓你知道，你所付出的，從來都不會消失，從來都不會不見，因為它深植在親人的心中。

還有最重要的是，你的往生親人知道你為祂付出跟努力的，就算最後你沒有為祂守住，你沒有為祂保住，但你盡力了，這樣就夠了。

然後，菩薩跟你的往生親人取得聯繫，因為親人有話要跟你說。

往生親人說：辛苦你這段時間一直努力的為了他的權益，不斷地在爭取，但最後也許想像的結果，不是你所要的那樣，也不是他所要的那樣，但祂能夠放下，你也要能夠放下，因為一切都圓滿了。不管未來的發展，你們都深深地祝福對方。

往生親人說，祂都不計較了。

菩薩說，往生親人謝謝你為祂做的，然後祂已經都不痛了，不管是身體，不管是心裡，都不痛了。

愛情家庭篇

●為家人付出，最後還是無法凝聚家人之間的愛，我需要放棄嗎？

一直以來從小到大，為家人的付出、擔憂，跟一直不斷地把一個家聚在一起的那顆心，強烈而真實。因為你不想要失去一個家，你很希望這個家是有穩定的力量、真實地存在的，因為你需要強烈的愛。

菩薩知道你需要強烈的愛，在這樣的環境下，你一直不斷地把這個家凝聚起來。

菩薩希望在凝聚他人跟凝聚自己擁有一個家的渴望時，也不要忘記，什麼事情在你心中是最想要凝聚的，那才是重點，而不是凝聚了一個、或是強求了一個外在的形式。

最重要的是，你的心裡面到底最需要的，除了愛之外，還有什麼的存在？

這一路走來，陪伴家人生病的過程，跟自己在事業上有一些分別成長的狀態，遇到困境，你都能夠一一處理妥當，表示你是成熟的、穩重的，菩薩肯定你的。

但未來希望你也能夠創造出自己的快樂。在尋求別人需求的當下，在滿足別人需求的當下，你也能夠重視自己的需求，找到自己心靈豐富、智慧圓滿的方法。

心中有很多的執著其實放著，一直想要改變對方，而沒有辦法放手。執著的想要控制一切，而讓你的心產生擔憂跟憂慮。

其實在感情當中，只要能夠跟著對方開心快樂，付出也是一種成長，付出也能是一種快樂。

不單單一定要把對方掌握在手裡，是一種學習相處的方法。

一旦有了感情，全然而注，也就是說，你會全然地將所有的關係放在這段感情當中。

那麼你就應該要知道，你必須要花更多的力氣去小心呵護，小心經營。只要你有心，只要你願意感恩對方，這份愛、這份情就能夠長遠存在。

●害怕再付出，擔心受傷害，我該如何調整自己的心態？

感情的世界當中，其實付出的人總是比較幸福的，而你總是那個付出幸福的人。付出的很多，也許你會覺得總是好像沒有得到你應該要有的結果。但是你不要害怕，不用擔心，因為這一切菩薩都看在眼裡。你其實一直都知道，很多出自於付出真心無悔的決定，是真正愛的圍繞。而有一天這些循環都會回到你自己身上，因為這是一個愛的循環、善的循環。而你是如此的善良，值得被愛。不要怕！不再擔心，不再害怕，更不要猶豫，不要去做一個斤斤計較的人。懂得付出就是愛，懂得付出就是無所期待。用這樣的心去期待一段新戀情的出現，才能夠讓你在感情當中如魚得水，才能夠讓你真正得到幸福。

●面對未來，我該用什麼心態去面對？

當人生走來，一步一步完成了自己的夢想之外，必須要開始學習怎麼樣安定自己的心，安定自己的心靈，安定自己的生活了。

當我所想要擁有的，從沒有到有的過程當中，需要更多的珍惜，需要擁有更多的條件去滿足我的慾望。

當我的慾望出現的時候，如果我的心靈可以是正向的，告訴自己我有了、夠了，那麼美好的就會能夠長久地留在自己的心中。

人跟人之間的相處也是如此，當我現在尋覓到了另外一半，當我人生覺得越來越豐富圓滿的同時，如果我的心中可以有更多的感恩，這份情緣就能夠長久存在著。

所以，在你未來的生命當中，「感恩」會佔有非常重要的地位。

生活當中，有很多事情需要智慧去做抉擇，這個抉擇不單單是抉擇你的事情，也算是抉擇著陪伴另一半在面對工作上困境而有得到的成長。

這個過程，陪伴雖然不容易，但是你會發現在陪伴的過程當中，可以更瞭解他，更傾聽他內心所要的需求。

然後盡好你自己在人生當中的角色，一切都只要覺得感恩，覺得感同身受他人所受的苦，你的人生就會越趨向於美好。

不要覺得自己跟別人不同，不要覺得自己是來受苦的。

只要你的心念正向，隨時在心中存在著喜悅快樂，那麼菩薩就會在你的心底灌注著滿滿的能量與愛，讓你就算遇到任何困境，依然能夠昂首向前行而無所畏懼。

●我很愛孩子，也希望自己能給予他充滿愛的環境，但有時生氣憤怒會失控，我該怎麼辦？

生命當中有很多事情是會漸漸得到快樂的，生命當中有很多事情是會漸漸得到安定的。

當你的心越來越安定的時候，你會發現，灌入在你心中的愛越來越多，你是越來越值得被珍惜跟被重視的。當這樣的意念越來越堅定的時候，你付諸給予孩子、給予家人身上的愛，會更彌足珍貴。

這一切都是菩薩送給你的禮物，而你一切都是值得的，因為你是一個善良的人，因為你是一個有愛的人。

你漸漸的已經知道怎麼樣經營自己的人生、經營自己的婚姻了，這是一個新的開始。

有心，就能夠讓願力跟愛繼續成長茁壯。

人生的階段當中，有很多時候會遇到人生不同階段的課題。

孩子是你現在的課題，你必須承擔孩子的成長，你不能夠只是專注地關注在你自己的悲傷上，而忘記了孩子需要照顧，而忘記了孩子在成長的過程當中需要母親的陪伴。

如果你只專注在自己的傷口，那麼為什麼不回頭看看你孩子身上也有些傷，這些傷是你造成的，不單單是對方造成的。

所以是否應該要花更多的心、更多的愛陪伴這個孩子，讓這個孩子有足夠的安全感，而不是承擔著母親因不安定跟悲傷的情緒而動粗的狀態。希望下次你在動手之前，是因為他真的犯了錯，而不是因為你情緒失控、或者是他來煩你，你剛好心情不好，而動手打他或推開了他。

因為如果你是在傷心難過的情況下，他一定是上前來想要安慰你。你推開了他，會讓他感覺上你好像拒絕了他愛你。

如果他上前來抱抱你，你正在哭泣，請你緊緊地抱住你的孩子，因為你的孩子是你全部的所有了。

菩薩希望你承擔自己在婚姻當中的選擇，這個孩子是你人生當中唯一能夠跟你緊緊相繫、唯一的愛，所以請你用愛去包圍他。

他是唯一在這個情感當中對你不離不棄的孩子，他需要你，你也需要他，所以請你用愛包圍你的孩子。

花多一點心思在孩子身上，花多一點心思知道孩子需要什麼。在你受傷的同時，其實孩子也是同等地受傷著。所以如果可以的話，給孩子多一些的陪伴，跟傾聽孩子內心的需求，是很重要的。

當然你自己可以在工作上面多花一點心力，在家人上少起一些語言上的爭執，就可以為你跟家人之間帶來更多穩定的力量。

●生活真的很辛苦，好像成為了萬能媽媽，好累好想休息，能否給我一些好能量？

有了孩子之後，才知道身為媽媽的辛苦。

有了孩子之後，才知道柴米油鹽醬醋茶生活瑣事，其實不是人做的。又要工作，又要擔心家裡，又要照顧家人，然後忘記自己的心到底在哪裡：「為什麼都沒有人照顧我的心？為什麼都沒有人知道我這麼辛苦？」

菩薩說：不要說沒有人知道，因為菩薩知道。

你從還沒結婚，到結了婚，擁有了孩子，到還要處理婆家的事情、娘家的事情、公司的事情、自己的事情，承擔了很多，能力很強，可以做得很好，而且你會想辦法把它做到最好。因為你不允許自己還沒做完就說失敗，所以你要把很多事情嚴謹的一步一步的做到最好。

菩薩說，控制自己很好，但不要把這個力量拿來控制別人身上。多一點時間陪伴你的孩子，你可以從他的笑容當中得到你的成就感。你未必可以在人的環境當中得到快樂跟成就感，但絕對可以在孩子的笑容當中得到成就感。

當你覺得人事鬥爭累了，回家看一看孩子，這些孩子的笑容多天真。當你在看見那些為了一點點數字在做變化挑戰的時候，看一看人性其實有很多黑暗面，看一看孩子為了一顆糖在那邊難過，單純一點是好的，堅持善良是對的，你的堅持是對的，因為你跟他們永遠都不會一樣的，所以有一天你還是會為了自己的善良而驕傲的。

●我是求子媽媽，我該怎麼樣調整自己的心態，讓自己快點擁有小孩？

求子的過程本來就艱辛，只有擁有健康的能量跟快樂的心情，可以讓孩子穩定的著床，讓孩子在你的肚子裡面穩定的長大。

而這些努力的過程，其實都是一個學習的目標跟成長的紀錄。能夠從無到有，也會從有到無，這都是一個心境上的轉折。如何能夠克服這些心境上的轉折？其實堅持到底是很重要的。

你有沒有心，有沒有動機，才能夠是你努力的目標。

如果今天我有努力的動機，我一點都不怕苦，我有努力的目標，其實我就只為了朝著目標前進，任何的困難挫折，都不能夠打擾跟阻礙我朝著目標前進。

菩薩認定你今生是會有小孩的，但必須靠你的努力，必須靠你們兩夫妻共同的心、不爭吵，共同扶持，共同愛著對方，才能夠讓孩子安穩的在你的身體裡住下，能夠快樂的來到人世間。

菩薩的一段話～修行篇

●菩薩要告訴你的是，面對困境，面對難關，都不要害怕，菩薩會做最好的安排。

也許你眼前看見的是困境，但經過時間的增長，我們都會看見事情發展的脈絡，也許不像當初所想像的那麼艱難了。

但這一切需要催化的就是時間，時間會有些安排，時間會有一些變化，時間足以讓一個人的心變了，時間足以讓一件事情過程的發展產生了一些不同的結局。所以需要時間，需要耐心地去等待。

你所經歷的，也許在人世間當中，在情緣上面，感覺到人事已非，好像什麼事情都無法擁有圓滿的結局，但這就是人生。

我們所面對的，不僅僅是殘破不堪的人生，還有無法預料的人性。

請你相信，這人心當中，一定會有所謂善的一面跟好的緣分。

也許我們現在看見的緣是破裂的，我們現在看見的人是惡質的，但人性當中一定有某些層面是善的。

我們要運用那個善，去讓愛能夠展現出來。

我們必須用那個善，去體悟人世間的美好。

所有的事情都一定有一個發展轉圜的餘地，只是我們必須要沈得住氣，靜觀看見什麼因素是可以讓這些結局產生變化的，怎麼樣可以讓人世間的情感出現轉折的，這就是人生當中面對困境時，最大的成就感了。

●做任何事情都要更有耐心跟更有毅力。

很多事情不是當下沒看到結果，就決定選擇放棄了。

很多事情是還沒看到結果之前，我要必須學習堅持到底。

所有的美好都在堅持到最後的那一刻，才能夠展現出來的。

菩薩認為這一些年當中，經歷了很多的變換，但始終都沒有牽移了你的心念，沒有改變了你的心，這是一件好事，堅持善跟堅持勇敢是對的。繼續努力，菩薩會給予你全家人守護的好能量。

●學習做任何事情都是有耐心地看待結果，有毅力地堅持到底。

雖然有時候你做的事情，不見得很快速地可以看見美好，但是在這些美好的背後，一定有一個學習的寓意。

等到學習經歷完畢之後，所有的美好必會呈現在你眼前。在這段跟著菩薩一起上課的日子，從不間斷。這些過程當中，你可以發現自己也有毅力了，然後做很多事情也變得更有耐心了，時時懂得反省你自己。

現在目前這現階段最重要的是，你出現了一個想要做的事情跟目標，這並非一件簡單的事情，它需要透過更多的毅力、堅強的毅力去訓練自己，讓自己站在舞台上，或是站在你自己想要的位子上，去呈現最美好的自己。

當然最重要的就是要讓自己有信心、有自信，才能夠站在台上幫助更多的人，或者是才能夠成為一個焦點，能夠用你的想法傳播出去真正所謂愛與實踐。

●做任何事情都需要耐心，等待任何結果也需要耐心。

所以從一開始就不能夠表現出不耐煩的樣子，要能夠學習承擔跟勇敢，要能夠快樂認知跟樂觀，菩薩會安排所有的好事發生在你身上。

就算遇到困境，也不要害怕。難過是短暫的，快樂、樂觀才是長久的。

菩薩說，做任何事情有耐心，是非常重要的。

能夠不疾不徐、觀照自身，對你來說，人生才會有更多豐富累積的經驗，而成就這些人生成長的歷程。

菩薩希望未來的你，也可以在做這些事情判斷的時候，擁有自己更多豐富人生的經驗摻入其中，做出對自己最有利的智慧選擇。

面對人生事物，先想想靜下自己的心，告訴自己要做的順序是什麼，人生當中重要的事情是什麼，等你決定好了再去做。

不要急，不要焦慮，不要不安。

有了安定的心，才能夠有計畫性地去執行你想要做的事情。

然後當你有了計畫，想要去做該做的事情時，接下來就要放慢腳步，等待結果，經歷必經的過程，而不急躁。

●**菩薩說，這些年來你的個性改變了很多，雖然有的時候還是很直、很衝，但是已經是收斂了許多，也開始慢慢為他人著想，講話也開始變得小聲一些了，其實這就是你自己為自己做的改變，也為自己帶來很多很不可思議的成長，未來會越來越美好。**

只要你有耐心，就會享受更多美好的過程，跟更多成長帶來的美好果實。

菩薩看見你的成長，希望你在做事情上面，更有耐心，更多的細心，不要急躁，然後為自己做出最好的決定。

有的時候急，並不代表事情一定可以快速地完成。有的時候放慢速度，反而可以讓你看見事情發展的過程。

不要急躁，放慢生活，放慢品質，細細過生活，緩慢地瞭解，緩慢地進入到別人的心裡面，不一定要佔據重要的位子。但如果可以存在在別人生活當中，是重要的，是可以有影響的，那個對你來講也會是更有價值的存在。

●菩薩希望你不要怕失敗，不要怕錯過了。

很多時候錯過了，其實只是沒有緣份，不要強求，不要與他人去爭吵，因為任何事情都有適合的安排，都有因緣上的安排。

能夠促成這件事情，代表著這件事情需要你。

無法促成、或是錯過了這個的緣分，代表緣分未足，代表有時候他也許不需要你的幫助，但並不代表你不好，不要太輕易地貶低了自己，不要太輕易地折損了自己的能力。

你會很自怨，抱怨自己能力不足，抱怨自己做得不夠好。

面對事物上，你有時候太過於消極了。

其實菩薩不希望看到你消極，也不希望你用語言去批評你自己。

你不是不好，而是少了一點方法，跟少了一點時間。

等到時間到了，你自然會把事情做好。

等到時間到了，自然好的事情總會出現的。

●每一個當下的學習，都是為了要成就未來的每一刻。

現在你所遇到的困境，不能算是困境，因為其實回首看來跟緊握當下，你會發現自己比別人更幸福了。

你擁有一個完整的家，有父母親的愛，有成熟的思想，有好的工作。

其實在安居樂業來說，你是一個非常圓滿的人。

當然人生未來追求的，不僅僅是工作上的成就，還有情感上的圓滿，這些都需要一點時間而急不得的。

你一直都是一個乖的孩子，偶爾會有一些失控的狀況，但那個都是人生、孩子會在成長過程當中，很自然的發展跟很自然的現象。不要視它為一種警惕，不要視它為一種犯罪過程，它就是一種自然。

人有言論的自由，人有體悟的自由，人有感受的自由，別給自己在工作上以及生活當中太大的壓力。

認識菩薩之後，你可以知道，有些事情可以說，有些事情不能說，因為會顧及到他人的感受，這就是一種細膩的成長，感受當中的成長。

能夠對於生活有些領悟，而能夠小心翼翼，是好的！

但不要操之過急，或者是太過。也就是說，在小心翼翼的部分，我太過於急躁了，就會失去了自己原本原有的自由。

所以只要做你自己即可，不必擔心是否違反了法律，不用擔心是否做了不適切的事情，因為你自己很清楚知道，哪些事情本來在心中就是有所規範。

●期待總是落空。

對於別人有所期待，總是有一些要求，所以會有落空的狀態。人的慾念，人的貪念，有的時候是因為一個想法「希望更好」而產生的，但如果對方沒有辦法做得更好，其實他也是只是在盡自己的能力、做自己該做的事情而已。

既然如此，那麼就順其自然、隨緣接受別人所有的努力。他一定是盡心盡力了，只能做到這樣子，所以我們便能接受這樣。否則你會把責任擔到身上，把錯誤以為是自己做不好而產生的，但其實都不是。

很多時候很多事情是隨緣而生出來的因緣變化，很多時候是人成長而有的禮物。

當這些課題無法在某個人身上產生作用的時候，他永遠不會參透，他永遠不會改變，這都不是你的責任。

所以你最大的責任就是：如何讓自己生活過得精彩，讓自己承擔壓力、承擔責任的時候，依然能夠微笑，這才是你現在要做的。

●也許你的心心念念，都在於如何能夠創造他人的幸福，以及如何能夠分擔別人的苦痛。

但不要忘記，因果輪迴當中，有很多的苦痛，都是當下那個人在過去累世因緣當中所累積聚集的，不是你今天阻斷或者是能力所及就可以給予幫助的。

所以有的時候，我們要適法因緣、隨緣喜善。

也就是說，有些時候我能力未及的，以及我不能夠插手人家因果的，我可能就是給予高度的祝福與愛的關懷。不要太過於急切地想要展現自己的能力，有時候能力其實未及，但卻傷到了自己。

給予別人最大的支持，勝過於你給予他所謂的能力。

給予別人最多的肯定與讚美，超越了你所能夠負擔以及能夠給予的。

能夠心情安定，才能夠醞釀出好的能量給予別人。

如果這個給予別人的能量，大多部分是為了要展現自我個人魅力、或者是展現自己能力的，它就會失去了真正美好的能量聚集。

所以當你在施展想要幫助別人的當下，一定要是無我的狀態：我已經失去了我，我已經沒有了我，我只有當下這個在你眼中的我。

●**人總是要吃足了苦頭之後，才會去檢視自己為什麼當初要做了這樣的決定。但是當人有了好的歸屬之後，又會覺得當初我做的決定是好的。所以其實人在每一個片刻當下所做的決定，都是適合那個人當下所面臨到的問題。**

當你所面臨的失去了，才會懂得珍惜。

當你擁有了，才會知足，才會懂得感恩。

所以人生當中有很多緣分來來去去，有很多批評都是耳進又耳出的，那麼凡事都不需要太過於在意，一切都以隨緣態度去看待，人生絕對能夠豐富自在，能夠擁有更多的收穫。

●人與人之間的感情，是講求緣分的，不要強求，隨緣、開心就好。

很多時候，專注在自己的情緒上面，把自己顧好，讓自己學習是開心的，交朋友是開心的，生活是開心的，而且越來越清楚自己想要交什麼樣的朋友，想要過什麼樣的生活，想要在情緒上面做一個什麼樣的安排。

例如說，當我生氣了，我不希望這個情緒生氣得太久，所以我知道要找事情來做，轉移注意力，轉化我憤怒的情緒，這就是一種方法。

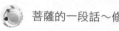

請你自己相信自己，可以找到適合自己在人際關係上的安排、相處的方法，在課業上面的規劃，在自己情緒上穩定的力量，你都絕對有能力可以為自己找到一個方法，來穩定你自己。

●人生當中有很多喜怒哀樂，而堆砌著成長的喜悅跟辛苦的過程。

菩薩認為你在成長的過程當中，一直不斷地仔細砥礪著自己。不希望自己出了一點差錯，而影響到別人的感受，而影響到別人的權益。所以小心翼翼地謹慎的學習著。

菩薩知道你用心良苦，為他人設想。但再多的付出也不要忘記：要去依照自己的能力，而能夠抉擇付出的大小跟收穫的成敗。

因為超過你的能力所可以負擔的，就會造成一種痛苦，所以不能夠再只是要求自己盡情的付出而不能夠有所收穫。

你可能在付出的當下，就要試想著：我的能力所及如此而已，那麼就算不能夠得到別人的讚賞與肯定，一切也要學習隨緣跟順其自然。

菩薩希望你做一個功課就是：先去問問自己，這一段時間以來，這一兩年以來，你有沒有做任何真的讓你自己開心的事情？

如果沒有，是不是應該要尋找自己真正快樂開心的事情？

找出那個快樂的泉源，然後讓自己去嘗試放鬆自己的心靈。

●菩薩說，你做事情有自己的原則，那麼就按照自己的原則去做事情就好。

擁有自己的獨立判斷事物的能力，不應該受到他人的影響。

當你看一件事情的時候，沒有對錯，本來就是對的！有了對錯，也是對的！擁有了更多可以包容他人的想法，是你一直在做的。

也就是說，當有人逼近你一步，你會懂得退。但有人更強勢地逼近了你，你會完全不理，就全退。這不是軟弱，這是一種應對不要有衝突的智慧。

菩薩認定這樣的方式是適合你的，不要正面衝突，能夠與人為善，能夠隨緣就隨緣。

當你被激怒到某一個點的時候，是會完全放棄的，所以請任何你身邊的人千萬別讓你踩到那個點。

當不理的時候，才是真正完全放棄、真正隨緣的開始。

菩薩不認為這樣有什麼不好，因為你找到了一個適合你自己的方法。

一直以來，你可能太過壓抑你自己，為了要完整一個家，然後不要起衝突，所以很多事情你不做、不要做、也不可以做。因為做了會生氣，做了別人會失望，做了別人會認為：「身為一個丈夫、身為一個兒子，應該這麼做嗎？」所以會有很多的包袱加至在你身上，把你框住：「一個好的丈夫，一個好的爸爸，一個好的兒子，就應該要這麼做！」所以你不能做的事情太多了。

但現在你慢慢年紀大了，可以試著去做你想做的事情。

●人生有很多事情，就像水一樣的，流到哪兒就走到哪兒，放在什麼樣的瓶子裡面，就會呈現出什麼樣子。會經歷過什麼，可能都會因為別人給予你一點的眼色，而讓你變成不同。

例如說水裡面加諸了不同的色，就會看成不同的果汁、不同的飲料、不同的水源，加了咖啡色變咖啡，加了果汁的顏色橘色變柳橙，加了紅色變西瓜。

所以看你加了什麼顏色，人生就會變成不同。

水的特質沒有改變，依然柔軟，但水的顏色會因為你給予的元素不同而呈現出不同的物質。

這也就是：當你的生命當中如果是水，放在不同的環境、不同的位子上、不同的生活，你會展現出不同的樣子，那才是水的本質。

但如果別人給你的元素是什麼，也會展現在你的生命力當中。

例如媽媽給予你很多的負面、很多的仇恨、很多的抱怨，你所展現出來的，就會是如此一般。

菩薩給予你很多的愛，給你很多的知足，給你很多的感恩，你展現出來的，也會是如此一般。

所以，遇到什麼樣的人所給予你的元素，也許不能夠讓你自己決定你要展現出來的是什麼，因為在耳濡目染之間，可能物質跟隨著物件進入而有所不同。

但不要忘記，水的本質依然是柔軟的，你可以做一個柔軟的咖啡，你可以做一個柔軟的果汁，你也可以成為一個有顏色的血水，或者是代表仇恨、腥血、憤怒般的血水。

所以元素不同，但不要忘記，你依然是水，你的物質本質是柔軟的，相對地也代表著你本身是慈悲的，吃軟不吃硬。

但在生活當中，如果只吃軟不吃硬，就會遇到很多的挫折。

試著想辦法讓自己變得更柔軟，像水一般的，不與他人起衝突。

然後，刀子是無法切斷水的。

你只要記得：任何利刃過來，都傷不了我這個水，我就示之以柔軟了。

●菩薩要對你說的話：這一輩子都一直想要贏的你，在年紀越來越大之後，慢慢地知道，自己無法在每一個人生角度跟每一個人生面向當中贏了。原來這世界上，你也會有輸的時候。

菩薩不是要你認輸，而是要你知道，人在逞強，似乎對自己一點幫助也沒有，對家人有影響，對你自己也會有很大的影響是：「我就算遇到了現在般的苦痛，我卻不能夠顯現出我的懦弱，我卻不能夠因為我現在生病了而向對方求救。」

其實可以的！只要你願意放下身段，你可以向你的家人求救，你可以向別人求救，你可以低下姿態，展現出你人生也有柔軟美好的那一面。

每一個人的人生不可能贏一輩子，因為可能贏都是一時的，輸可能會是輸掉一輩子的人生。

所以現在換一個角度，也許現在都還來得及，從柔軟開始做起。放掉贏的想法，接受輸這件事情是事實。

而你過去一輩子都在贏的狀態，它已經成就了，它已經贏了，你也已經贏了。現在開始，不是輸。

現在開始，是接受，我不需要去爭輸贏，我可以接受失敗的可能，我可以接受我的人生是需要向別人請求的，我可以接受我的人生是需要向別人拜託的，我不應該再繼續強求跟強勢，或者是我不應該再顯現出我很堅強的那一面。

你可以學習著示弱，你可以學習著溝通，你可以學習著柔軟，會為你的人生帶來很多很美好的過程。

●菩薩看了最近的你跟觀察這幾年你的變化，你已經開始學習放下自己的高姿態，開始學習著柔軟、以及配合著另外一半。

過程當中，有很多的傷痛，有很強烈的撕裂傷，但你依然知道怎麼樣可以讓自己快樂起來，跟怎麼樣可以找到自己所謂的尊嚴、跟自己想要過的生活。

菩薩不認為一定有錯，菩薩只認為：什麼樣的方式最適合你，什麼樣的生活是你自己最想要的，那便是你最圓滿的過程。

你的堅強，你的勇敢，跟你願意不逃避去面對問題，就是菩薩眼中最勇敢的你。

●在你的人生當中，誠實很重要，你也認為別人誠實很重要，但為什麼不能夠允許別人也可以有善意的謊言？

雖然你會說：就是不可以說謊，因為說謊就是對自己不負責任。

但有些時候，在你身邊的人，為了不讓你難過，為了不讓你擔心，為了不讓你生氣，他們對你說善意的謊言，是可以原諒的。

你的人生當中，在是非對錯的界線，要柔軟一點、模糊一點。

有的時候，說出來的答案，未必是當下他要說的，也許是他當下非常緊張害怕你生氣、害怕你難過而隨便找一個藉口的答案，但他怕傷害你。

所以最根本的原因，是因為他愛你，所以他才說了謊。

因為愛你，怕你擔心，所以才說了不想讓你知道的事實。

所以，可不可以在對錯之間模糊一點？

是非對錯，不用那麼清楚，你也輕鬆，他也沒有壓力。

其實都是因為愛，對不對？你想要知道事實，也是因為愛，才能夠知道怎麼幫他。可是有些時候，他想要不讓你知道，他自己處理，那也是愛。

不管對跟錯，都是愛。

那麼既然如此，有一天萬一你知道了是真實的，或者是善意的謊言，都不要生氣，因為那都是愛才會說出來的話。

●平常的時候，要懂得平靜自己的心，不要急躁，不要在情緒上面有太大的起伏。情緒上太大的起伏，其實只是破壞了自己內心的平靜跟平衡。

有時候在思考一件事情，在權衡輕重思考對錯時，很多時候其實事情本身根本沒有對錯。

我們有時候在想一件事情，在想這件事情到底是對還是錯，但其實這件事情根本就沒有對錯，因為對錯是人給予它的。

這個人會這樣做，一定有他的想法。

那個人會那樣做，也一定有他的想法。

他是對的嗎?他是錯的嗎？未必！

他們會這樣想，代表他們認為這件事情是對的。

其他人會那樣想，代表他們認為那件事情也是對的。

但是你站在中間角度，你看到的對錯，那是你個人的觀點，但未必是真正的對跟錯。所以不要把你的主觀意識常常壓在別人身上，要別人承認對跟錯。

那是你的對錯，不代表我的對錯。

所以太過於主觀，太過於強勢，會讓人喘不過氣來，人就會很想逃離，人就會覺得：為什麼我永遠要在你的對錯是非之下生活著？

我不能發表自己的意見，因為你會生氣。

我不能擁有我自己的看法，因為你不認同。

那什麼才是正確的看法？什麼才是我發表意見的時機？

就是我的看法跟你的看法一致的時候，你就會認為：「對！那就是看法。」

那可不公平！那並不是我的看法！那是你的看法！

所以生活當中要學習的是：事情沒有絕對，沒有一定誰對。

●面對事情是非對錯的發展，你永遠有自己獨特的見解、跟主觀的意識。

但是在事情的本身看來，其實一件事情的對與錯，都與你無關，因為是當事者才能知道對跟錯。

而當事者本身未必也能夠知道所謂真正的對跟錯，因為當事者本身也有自己的主觀，認為自己一定是對的，對方一定是錯的。

所以在處理事業上、家庭事務上、人生課題上，對於很多事情，我們所謂的對錯，也只是自己的主觀認知而已，未必是這世界上、這宇宙上面所謂的真理。但怎麼辦？怎麼面對跟如何去解釋呢？

唯有放寬心，靜待事情的發展。

也唯有放手，才能夠讓需要成長的人能夠成長，需要離開的人能夠離開，需要留下來的人，才能夠珍惜跟擁有。

這就是這宇宙循環來來去去、隨緣、隨遇而安，最重要的道理了。

●菩薩要說的是：所有的錯都不是錯，所有的對都未必永遠都是對的。

所以，可以寬容的給予別人很多的空間努力，可以寬容的給予別人支持，是你人生當中最大的安穩。也就是你可以給予別人這些空間，讓別人恣意的發揮。

菩薩說，祂看見了你已經越來越懂得寬容，而且越來越不像自己過去的你。你給予別人很多的愛跟支持，而且不計任何回報，不計任何後果：「沒關係，我可以給別人的我就幫忙」。

菩薩說，也許這對你來講是舉手之勞，不需要在意的。但這些得到的人，都會得到滿滿的感動，而且這些感動會化成福德，一直圍繞在你身邊。

也許你沒有立即的感受，但菩薩看在眼中，認為這是你人生當中靈魂成長最大的動力。

菩薩要給予的一段話是：智慧在你的心中，愛在你的心中跟著智慧一起增長。有了愛，就能夠讓智慧更多，加深更多學習的機會，然後可以給予別人更多很好的建議，讓別人也可以從不幸當中變成幸福。

●菩薩說：一直不斷地在求新求變的你，在心中跟生活當中，一直規律地要

求自己、督促自己，知道什麼事情可以做、什麼事情是不能夠有慾念及貪念出現的，你自己自我規劃得非常得好。但在工作上的圓融跟包容，需要再加強。

也就是說，當你聽見別人跟你不同聲音、以及發表了不同意見的同時，要能夠學習接受改變，要能夠適應環境的變化，更要注意人事、人際關係現實的改變。

有的人就是會當牆頭草，那是為了適時地生存，不要去怪罪他人，不要去對於這種人產生憤恨的情緒，大家都是為了生存。

所以用這樣的心念，去看待工作環境當中的每個人心態上的變化，你就更能夠接受了，你就不會覺得他們怎麼可以在心態上有所逾矩、或者在心態上是不正確的。

其實每一個人都是為了生存而存在著的，他的改變是為了生存，他的接納也是為了改變而生的。所以用這樣的想法去看待周遭的變化，你就更能夠找到進退應對的方法。

●菩薩說：方圓之間本是有稜有角的，但因為方在圓中，用圓來包圍著它了，稜角就不見了。

所以菩薩希望，原本的你是四方、是有稜有角、有東南西北方向的，就用愛跟圓，來包容一切，圓融了一切。

任何事情都沒有所謂的方向、分別，愛四方，愛全部，愛全員，愛全容，全部包容。

●菩薩知道你一直都非常的堅定，而且非常的勇敢。

在與人的相處當中，也許吃了很多的虧，受了很多的委屈，受了傷，不願意去狡辯，不願意去辯駁，是因為你覺得辯駁了也沒有用。

這一點在你的心裡面慢慢造成了自己覺得好像無能為力，好像有些無奈的情緒出現。

當然會漸漸地造成了你心裡上面對自己的失望，也不能夠因為這樣而帶來害怕。

菩薩說，不與人抗爭，並不代表這個人無能，只是因為我不跟人家爭而已。

菩薩希望你能夠告訴自己的是：我接受了別人強迫我要改變跟接受的意見，是因為我能夠包容，跟我能夠學習接受別人不同的意見跟想法，但並不代表我是軟弱的，並不代表我是無能的，只是我有更多的智慧知道自己必須去包容別人而已。

別人的意見未必跟我是一樣的，未必我能夠接受跟別人不同的意見，但我還是能夠包容，我能夠給予別人發表的空間，這就是智慧，而不是削弱了你、剝奪了你的能力。

所以你不要覺得說：「我怎麼那麼無能，我都一直在接受別人的意見，好像我自己都不能有自己的看法。」你不是的！你也可以有！只是我們不是用直接跟對方對抗的方式去發表我們的想法。

人生起起落落，並不代表人生的成功與失敗，因為這些起落都只是過程，並不代表人生最終點。

人生有很多的體驗，必須從他人身上而得到學習跟支持。

你懂得支持他人，他人必定會給你反饋的支持。

你懂得在別人身上學習，你的所有經歷才能夠提供別人學習成長的養分。

菩薩知道這一生這一輩子，從小到大，有很多委屈在心上。面對自己的父母親，面對很多不公平的對待，以及幾乎受虐的狀態，其實心裡面有感覺到非常大的傷痛、以及害怕被遺棄、不被疼愛的心理，都有受傷的過程。

但現在的你很好，菩薩一直都看顧著你、照顧著你，是因為在這些苦難當中，你沒有失去了你自己，你還很堅持的做你自己，善良的包容、寬容的接受，其實這就是你現在為什麼這麼有福氣的原因。

未來會繼續更有福氣，因為菩薩在你身上灑上了福氣的光，用福氣的光照耀著你，只要你心想事成，心中所想就能事事都成。

用心想事成祝福他人，用心想事成祝福你自己。

●你一直都是一個凡事都在委屈自己的人，想辦法成就別人想要的，然後接受別人對你的控制。

菩薩說，你一輩子都在成就著別人，委屈著自己。

這樣也很好，因為你找到了自己的定位，為了成就別人快樂，犧牲掉你自己。別人看來覺得你委屈，但你未必覺得那是委屈，因為你覺得可以幫別人，用另外一種形式，好像也很好。

就是這樣憨人、憨的心，帶來很多的福氣、很多的好運。

就是這樣不計較的個性，可以讓你帶來更多的福氣。

繼續用這樣的想法去面對人事物，繼續用不計較的心去看待人事物，所有的美好都會聚集在你身上，而帶來更多的好運跟好福氣。

●在這些日子當中，其實很多事情委屈了你，而且強迫了你接受不想要做的事情。

菩薩說，在你心裡面有很多的委屈，但是你還是做了的原因，是因為你想到了別人比你還要重要，所以你捨棄了你自己的想法，捨棄了你自己的權益，為別人而做嫁、做這些事情。

菩薩說，心甘情願，因此得到更多的福氣。

只要你想的，只要你肯做的，其實這其中都有滿滿的因果、跟滿滿的福德，會圍繞在你身上。

也許你覺得煩了，也許你覺得累了，但在菩薩眼中，覺得煩了、厭了的你也還是一樣會為別人犧牲，去做奉獻，這就是因為你是你。

所以菩薩認為你是不怕苦的，你是願意吃苦的。

而在這些的苦痛當中，菩薩會給予你最大的守護。

●在生活當中的低調，其實是必然的，是需要的。

因為在你的環境當中，太過於高調，或者是過得太幸福、太美滿，好像會變成別人眼中不順眼的那個狀態。

所以適時地把自己存在在心裡面的快樂跟優勢、甚至於感覺到幸福的狀態，都能夠讓它隱藏在生活的底層，或者是不輕易地被看見。

雖然有時候會覺得委屈了：「為什麼會這樣？」

但因為你的環境比較不同，身邊的小人比較多，你就必須小心翼翼地這樣生活著。

該怎麼辦？過自己要過的生活，低調。

等到時機到了、成熟了，當你身邊的人也跟著一起共同成長了，你才能夠跟他們交心，那個時候才能跟他們分享你的喜悅、跟你的快樂、跟你的成長。

但因為他們心還沒打開，你跟他們分享過多，只會讓人家覺得：「你在跟我炫耀什麼嗎？」

所以平靜的生活，安靜的度過，在你的心裡面有滿滿的智慧跟成長，這樣就足夠了。

能夠忍，才是當道。

●你在成長的過程當中，小時候其實受了很多的委屈。

菩薩說，你一直都是非常善良的，不想去傷害別人，不想去攻擊別人，然後默默的做。

菩薩說，你是一個非常有福氣的人，所以未來的日子，菩薩會繼續守護著你，只希望你開始找尋自己的快樂。

你要幫助自己找到快樂，多去看看、多去吃，然後多去參與活動、去嘗試，這很重要。

●菩薩說，過去的你是會斤斤計較，而且會跟人家抱怨的。但現在的你知道

抱怨也沒有用，知道懂得自我反省，懂得自我懺悔。

菩薩說，要做這樣的改變，其實心裡面經過了很多的掙扎，但是你越來越覺得：「被人佔便宜或是為別人付出，好像也沒有什麼關係！」

這就是你人生當中最大的改變，因為你開始檢視自己可以給別人什麼，而不是要在別人身上得到什麼。這就是你人生當中菩薩看著你一步一步在成長的。

而你因為願意付出，得到的心念、心量，會遠超過你能想像的。

菩薩希望你在未來，繼續給別人更多肯定的力量、讚美的言語，不要害怕受委屈。就算你受了委屈，菩薩也懂，菩薩也會守護著你。

●**菩薩說：不要再說苦了，不要再抱怨了。雖然你失去了很多，雖然你經歷了很多，但菩薩希望從這一刻開始，不要再說苦了，不要再怨了。**

因為就算你說再苦跟再多的抱怨，也不能夠改變別人想要做的事情、對事情的看法，所以說再多，都只會讓你委屈更深而已。

那怎麼辦呢？菩薩希望你，聽不見這些耳語，聽不見這些語言。
只要會傷害你的語言，通通都聽不見。
學會做你自己，照顧你自己的心，讓你自己找到快樂，這才是你現在要做的。
不是去聽別人怎麼解釋你自己，不是去聽別人怎麼批判你。
做你自己最快樂！

●忍耐再忍耐，生活當中有很多事情，是忍了就過去了，忍久了就忘了。

不能忘的，大部分都是因為錐心之痛。
不能忘的，大部分都是因為太多的委屈，造成了傷害。
那麼如果能夠忍著忍著，不管忍再久，最後還是能夠學習接受了它的。
所以忍跟接受，對你來說，顯得格外的重要，也顯得格外的沈重。
這個課題會在你身上一直不斷地展現，但它亦是一種訓練，它是一種磨練。
等你有一天發現，你原本不能接受的這件事情，變成了可以接受了，不再需要忍了，那麼你就成功了。

●菩薩說，你很能忍，但忍耐要忍耐到什麼時候，才會是對人的一種極限的磨練？

人的忍耐其實都有限度的，如果人的忍耐是沒有限度的，那會造成別人對我予取予求，或者是對我無理相對，甚至於對我蠻橫無理，那麼只會踐踏了別人對我的尊重。

所以忍耐其實是要有一定的智慧。如果我在忍無可忍的情況下，除了重新再忍的寬宏大量之外，事實上也應該帶領別人有一些新的課題跟新的智慧增長，告訴他：「人的忍耐，不是因為人可以被欺負，而是因為人的福德更寬容，可以接受你對我的無理。」

但能不能繼續忍，跟要不要繼續忍耐，都是由你來做決定的。

●有的時候，忍耐是有一些些範圍跟限制的。

如果忍耐不能讓你得到安定跟包容的想法，那麼忍耐就會變成一種痛苦。

不斷地在忍耐自己，然後配合著別人，這不是接受，這也不是包容，這也不是忍讓，而它讓你的心裡面產生了某些程度上的痛苦，久了之後，你慢慢地，會越來越憤怒，越來越不安，會開始懷疑自己人生的價值。

菩薩希望你不要再繼續忍了，你可以學習著說出：「我不開心、不快樂，我不想要這樣」。

開始學會著拒絕，對你來講非常重要，因為你不能夠再任意地讓別人在你身上控制著你不想做的事情、跟不喜歡的事情。

菩薩知道你很委屈，菩薩知道你太過於膽怯、膽小害怕，所以菩薩希望你在未來的日子裡，可以更勇敢地為自己學習拒絕，跟為自己選擇你想要過的人生的方式。加油！不要怕！

國家圖書館出版品預行編目資料

念轉運就轉. 22, 靈性修持人間修行 / 黃子容著.
-- 初版. -- 新北市 : 光采文化, 2020. 06
面 ; 公分. -- (智在心靈 ; 62)
ISBN 978-986-99126-0-0(平裝)
1. 生命哲學 2. 修身
191.9 109006458

智在心靈 062
念轉運就轉22 靈性修持人間修行

作　　者　黃子容
主　　編　黃子容
封面設計　顏鵬峻
美術編輯　陳鶴心
校　　對　黃子容
出 版 者　光采文化出版事業有限公司
新北市永和區中正路454巷6-1號1F
電話：(02) 2926-2352
傳真：(02) 2940-3257
http://www.loveclass520.com.tw
法律顧問　鷹騰聯合法律事務所　林鈺雄律師
製版印刷　皇輝彩藝印刷事業有限公司

2020年06月初版

總經銷：大和書報圖書股份有限公司
地　址：新北市新莊區五工五路二號
電　話：(02) 8990-2588
傳　真：(02) 2290-1658

定價 300 元　ISBN 978-986-99126-0-0
Printed in Taiwan

luminosity

luminosity
luminosity luminosity luminosity
luminosity luminosity luminosity luminosity
luminosity luminosity luminosity luminosity
luminosity luminosity luminosity luminosity
luminosity luminosity luminosity luminosity
luminosity luminosity luminosity luminosity
luminosity luminosity luminosity luminosity
luminosity luminosity luminosity luminosity

luminosity
luminosity luminosity luminosity
luminosity luminosity luminosity luminosity
luminosity luminosity luminosity luminosity
luminosity luminosity luminosity luminosity
luminosity luminosity luminosity luminosity
luminosity luminosity luminosity luminosity
luminosity luminosity luminosity luminosity
luminosity luminosity luminosity luminosity